Filosofia Contemporânea

(Segundo volume da obra Filosofia Universal —
O drama milenar do Homem em busca da verdade integral)

Huberto Rohden

TEXTO INTEGRAL

Dados Internacionais de Catalogação na Publicação (CIP)
(Câmara Brasileira do Livro, SP, Brasil)

Rohden, Huberto, 1893-1981.
Filosofia contemporânea : o drama milenar do homem em busca da verdade integral / Huberto Rohden. -- São Paulo : Martin Claret, 2008. -- (Coleção a obra-prima de cada autor ; 285)

"Texto integral"
ISBN 978-85-7232-738-1

1. Filosofia - História. I. Título. II. Série.

08-03792 CDD-109

Índices para catálogo sistemático:

1. Filosofia : História 109

COLEÇÃO A OBRA-PRIMA DE CADA AUTOR

FILOSOFIA CONTEMPORÂNEA

(SEGUNDO VOLUME DA OBRA FILOSOFIA UNIVERSAL —
O DRAMA MILENAR DO HOMEM EM BUSCA DA VERDADE INTEGRAL)

Huberto Rohden

TEXTO INTEGRAL

MARTIN CLARET

CRÉDITOS

Idealização e Coordenação
Martin Claret

Assistente Editorial
Rosana Gilioli Citino

Capa
Ilustração
Teto da Capela Sistina (Vaticano)
A Sibila Délfica *(detalhe), 1509*
- Michelangelo

Direção de Arte
José Duarte T. de Castro

Editoração Eletrônica
Editora Martin Claret

Miolo
Revisão
Durval Cordas

Projeto Gráfico
José Duarte T. de Castro

Papel
Off-Set, 70g/m²

Impressão e Acabamento
Renovagraf

Editora Martin Claret Ltda. – Rua Alegrete, 62 – Bairro Sumaré
CEP: 01254-010 – São Paulo – SP
Tel.: (0xx11) 3672-8144 – Fax: (0xx11) 3673-7146

www.martinclaret.com.br / editorial@martinclaret.com.br
Agradecemos a todos os nossos amigos e colaboradores — pessoas físicas e jurídicas — que deram as condições para que fosse possível a publicação deste livro.

2ª REIMPRESSÃO – 2011

PALAVRAS DO EDITOR

A história do livro e a coleção "A Obra-Prima de Cada Autor"

MARTIN CLARET

Que é o livro? Para fins estatísticos, na década de 1960, a UNESCO considerou o livro "uma publicação impressa, não periódica, que consta de no mínimo 56 páginas, sem contar as capas".

O livro é um produto industrial.

Mas também é mais do que um simples produto. O primeiro conceito que deveríamos reter é o de que o livro como objeto é o veículo, o suporte de uma informação. O livro é uma das mais revolucionárias invenções do homem.

A *Enciclopédia Abril* (1972), publicada pelo editor e empresário Victor Civita, no verbete "livro" traz concisas e importantes informações sobre a história do livro. A seguir, transcrevemos alguns tópicos desse estudo didático sobre o livro.

O livro na Antiguidade

Antes mesmo que o homem pensasse em utilizar determinados materiais para escrever (como, por exemplo, fibras vegetais e tecidos), as bibliotecas da Antiguidade estavam repletas de textos gravados em tabuinhas de barro cozido. Eram os primeiros "livros", depois progressivamente modificados até chegarem a ser feitos — em grandes tiragens — em papel impresso mecanicamente, proporcionando facilidade de leitura e transporte. Com eles, tornou-se possível, em todas as épocas, transmitir fatos, acontecimentos históricos, descobertas, tratados, códigos ou apenas entretenimento.

Como sua fabricação, a função do livro sofreu enormes modificações dentro das mais diversas sociedades, a ponto de constituir uma mercadoria especial, com técnica, intenção e utilização determinadas. No moderno movimento editorial das chamadas sociedades de consumo, o livro pode ser considerado uma mercadoria cultural, com maior ou menor significado no contexto socioeconômico em que é publicado. Enquanto mercadoria, pode ser comprado, vendido ou trocado. Isso não ocorre, porém, com sua função intrínseca, insubstituível: pode-se dizer que o livro é essencialmente um instrumento cultural de difusão de ideias, transmissão de conceitos, documentação (inclusive fotográfica e iconográfica), entretenimento ou ainda de condensação e acumulação do conhecimento. A palavra escrita venceu o tempo, e o livro conquistou o espaço. Teoricamente, toda a humanidade pode ser atingida por textos que difundem ideias que vão de Sócrates e Horácio a Sartre e McLuhan, de Adolf Hitler a Karl Marx.

Espelho da sociedade

A história do livro confunde-se, em muitos aspectos, com a história da humanidade. Sempre que escolhem frases e temas, e transmitem ideias e conceitos, os escritores estão elegendo o que consideram significativo no momento histórico e cultural que vivem. E, assim, fornecem dados para a análise de sua sociedade. O conteúdo de um livro — aceito, discutido ou refutado socialmente — integra a estrutura intelectual dos grupos sociais.

Nos primeiros tempos, o escritor geralmente vivia em contato direto com seu público, que era formado por uns poucos letrados, já cientes das opiniões, ideias, imaginação e teses do autor, pela própria convivência que tinham com ele. Muitas vezes, mesmo antes de ser redigido o texto, as ideias nele contidas já haviam sido intensamente discutidas pelo escritor e parte de seus leitores. Nessa época, como em várias outras, não se pensava na enorme porcentagem de analfabetos. Até o século XV, o livro servia exclusivamente a uma pequena minoria de sábios e estudiosos que constituíam os círculos intelectuais (confinados aos mosteiros durante o começo da Idade Média) e que tinham acesso às bibliotecas, cheias de manuscritos ricamente ilustrados.

Com o reflorescimento comercial europeu, nos fins do século XIV, burgueses e comerciantes passaram a integrar o mercado livreiro da época. A erudição laicizou-se e o número de escritores aumentou, surgindo também as primeiras obras escritas em línguas que não o latim e o grego (reservadas aos textos clássicos e aos assuntos considerados dignos de atenção). Nos séculos XVI e XVII, surgiram diversas literaturas nacionais, demonstrando, além do florescimento intelectual da época, que a população letrada dos países europeus estava mais capacitada a adquirir obras escritas.

Cultura e comércio

Com o desenvolvimento do sistema de impressão de Gutenberg, a Europa conseguiu dinamizar a fabricação de livros, imprimindo, em cinquenta anos, cerca de 20 milhões de exemplares para uma população de quase 10 milhões de habitantes, cuja maioria era analfabeta. Para a época, isso significou enorme revolução, demonstrando que a imprensa só se tornou uma realidade diante da necessidade social de ler mais.

Impressos em papel, feitos em cadernos costurados e posteriormente encapados, os livros tornaram-se empreendimento cultural e comercial: os editores passaram logo a se preocupar com melhor apresentação e redução de preços. Tudo isso levou à comercialização do livro. E os livreiros baseavam-se no gosto do público para imprimir, principalmente obras religiosas, novelas, coleções de anedotas, manuais técnicos e receitas.

Mas a porcentagem de leitores não cresceu na mesma proporção que a expansão demográfica mundial. Somente com as modificações socioculturais e econômicas do século XIX — quando o livro começou a ser utilizado também como meio de divulgação dessas modificações e o conhecimento passou a significar uma conquista para o homem, que, segundo se acreditava, poderia ascender socialmente se lesse — houve um relativo aumento no número de leitores, sobretudo na França e na Inglaterra, onde alguns editores passaram a produzir obras completas de autores famosos, a preços baixos. O livro era então interpretado como símbolo de liberdade, conseguida por conquistas culturais. Entretanto, na maioria dos países, não houve nenhuma grande modificação nos índices porcentuais até o fim da Primeira Guerra Mundial (1914/18), quando surgiram as primeiras grandes tiragens de um só livro, principalmente romances, novelas e textos didáticos. O número elevado de cópias, além de baratear o preço da unidade, difundiu ainda mais a literatura. Mesmo assim, a maior parte da população de muitos países continuou distanciada, em parte porque o livro, em si, tinha sido durante muitos séculos considerado objeto raro, atingível somente por um pequeno número de eruditos. A grande massa da população mostrou maior receptividade aos jornais, periódicos e folhetins, mais dinâmicos e atualizados, e acessíveis ao poder aquisitivo da grande maioria. Mas isso não chegou a ameaçar o livro como símbolo cultural de difusão de ideias, como fariam, mais tarde, o rádio, o cinema e a televisão.

O advento das técnicas eletrônicas, o aperfeiçoamento dos métodos fotográficos e a pesquisa de materiais praticamente imperecíveis fazem alguns teóricos da comunicação de massa pensarem em um futuro sem os livros tradicionais (com seu formato quadrado ou retangular, composto de folhas de papel, unidas umas às outras por um dos lados). Seu conteúdo e suas mensagens (racionais ou emocionais) seriam transmitidos por outros meios, como por exemplo microfilmes e fitas gravadas.

A televisão transformaria o mundo todo em uma grande "aldeia" (como afirmou Marshall McLuhan), no momento em que todas as sociedades decretassem sua prioridade em relação aos textos escritos. Mas a palavra escrita dificilmente deixaria de ser considerada uma das mais importantes heranças culturais, entre todos os povos.

Através de toda a sua evolução, o livro sempre pôde ser visto como objeto cultural (manuseável, com forma entendida e interpretada em função de valores plásticos) e símbolo cultural (dotado de conteúdo, entendido e interpretado em função de valores semânticos). As duas maneiras podem fundir-se no pensamento coletivo, como um conjunto orgânico (onde texto e arte se completam, como, por exemplo, em um livro de arte) ou apenas como um conjunto textual (onde a mensagem escrita vem em primeiro lugar — em um livro de matemática, por exemplo).

A mensagem (racional, prática ou emocional) de um livro é sempre intelectual e pode ser revivida a cada momento. O conteúdo, estático em si, dinamiza-se em função da assimilação das palavras pelo leitor, que pode discuti-las, reafirmá-las, negá-las ou transformá-las. Por isso, o livro pode ser considerado instrumento cultural capaz de libertar informação, sons, imagens, sentimentos e ideias através do tempo e do espaço. A quantidade e a qualidade de ideias colocadas em um texto podem ser aceitas por uma sociedade, ou por ela negadas, quando entram em choque com conceitos ou normas culturalmente admitidos.

Nas sociedades modernas, em que a classe média tende a considerar o livro como sinal de *status* e cultura (erudição), os compradores utilizam-no como símbolo mesmo, desvirtuando suas funções ao transformá-lo em livro-objeto. Mas o livro é, antes de tudo, funcional — seu conteúdo é que lhe dá valor (como os livros de ciências, filosofia, religião, artes, história e geografia, que representam cerca de 75% dos títulos publicados anualmente em todo o mundo).

O mundo lê mais

No século XX, o consumo e a produção de livros aumentaram progressivamente. Lançado logo após a Segunda Guerra Mundial (1939/45), quando uma das características principais da edição de um livro eram as capas entreteladas ou cartonadas, o livro de bolso constituiu um grande êxito comercial. As obras — sobretudo *best sellers* publicados algum tempo antes em edições de luxo — passaram a ser impressas em rotativas, como as revistas, e distribuídas nas bancas de jornal. Como as tiragens elevadas permitiam preços muito baixos, essas edições de bolso popularizaram-se e ganharam importância em todo o mundo.

Até 1950, existiam somente livros de bolso destinados a pessoas de baixo poder aquisitivo; a partir de 1955, desenvolveu-se a categoria do livro de bolso "de luxo". As características principais destes últimos eram a abundância de coleções — em 1964 havia mais de duzentas, nos Estados Unidos — e a variedade de títulos, endereçados a um público intelectualmente mais refinado. A essa diversificação das categorias adiciona-se a dos pontos de venda, que passaram a abranger, além das bancas de jornal, farmácias, lojas, livrarias, etc. Assim, nos Estados Unidos, o número de títulos publicados em edições de bolso chegou a 35 mil em 1969, representando quase 35% do total dos títulos editados.

Proposta da coleção "A Obra-Prima de Cada Autor"

"Coleção" é uma palavra há muito tempo dicionarizada e define o conjunto ou reunião de objetos da mesma natureza ou que têm alguma relação entre si. Em um sentido editorial, significa o conjunto não-limitado de obras de autores diversos, publicado por uma mesma editora, sob um título geral indicativo de assunto ou área, para atendimento de segmentos definidos do mercado.

A coleção "A Obra-Prima de Cada Autor" corresponde plenamente à definição acima mencionada. Nosso principal objetivo é oferecer, em formato de bolso, a obra mais importante de cada autor, satisfazendo o leitor que procura qualidade.*

Desde os tempos mais remotos existiram coleções de livros. Em Nínive, em Pérgamo e na Anatólia existiam coleções de obras literárias de grande importância cultural. Mas nenhuma delas superou a célebre biblioteca de Alexandria, incendiada em 48 a.C. pelas legiões de Júlio César, quando estas arrasaram a cidade.

A coleção "A Obra-Prima de Cada Autor" é uma série de livros a ser composta por mais de 400 volumes, em formato de bolso, com preço altamente competitivo, e pode ser encontrada em centenas de pontos de venda. O critério de seleção dos títulos foi o já estabelecido pela tradição e pela crítica especializada. Em sua maioria, são obras de ficção e filosofia, embora possa haver textos sobre religião, poesia, política, psicologia e obras de autoajuda. Inauguram a coleção quatro textos clássicos: *Dom Casmurro*, de Machado de Assis; *O Príncipe*, de Maquiavel; *Mensagem*, de Fernando Pessoa; e *O lobo do mar*, de Jack London.

Nossa proposta é fazer uma coleção quantitativamente aberta. A periodicidade é mensal. Editorialmente, sentimo-nos orgulhosos de poder oferecer a coleção "A Obra-Prima de Cada Autor" aos leitores brasileiros. Nós acreditamos na função do livro.

* Atendendo a sugestões de leitores, livreiros e professores, a partir de certo número da coleção começamos a publicar, de alguns autores, outras obras além da sua obra-prima.

Advertência

A substituição da tradicional palavra latina *crear* pelo neologismo moderno *criar* é aceitável em nível de cultura primária, porque favorece a alfabetização e dispensa esforço mental — mas não é aceitável em nível de cultura superior, porque deturpa o pensamento.

Crear é a manifestação da Essência em forma de existência — *criar* é a transição de uma existência para outra existência.

O Poder Infinito é o *creador* do Universo — um fazendeiro é um *criador* de gado.

Há entre os homens gênios *creadores*, embora não sejam talvez *criadores*.

A conhecida lei de Lavoisier diz que "na natureza nada se *crea* e nada se aniquila, tudo se transforma"; se grafarmos "nada se *crea*", esta lei está certa, mas se escrevemos "nada se *cria*", ela resulta totalmente falsa.

Por isto, preferimos a verdade e clareza do pensamento a quaisquer convenções acadêmicas.

Filosofia Contemporânea

(Segundo volume da obra Filosofia Universal —
O drama milenar do Homem em busca da verdade integral)

INTRODUÇÃO

A filosofia, norma da vida humana

O vivo interesse que o estudo da Filosofia Universal está despertando é sinal alvissareiro de que o Brasil pensante está disposto a sair, finalmente, da sua tradicional apatia em face dos magnos problemas focalizados pela "rainha das ciências".

Para muitos, é verdade, a Filosofia continua a ser uma espécie de devaneio inócuo para horas vagas — ou então um tentame de subestruturar racionalmente as doutrinas teológicas deste ou daquele grupo eclesiástico; para outros é ela considerada até como traiçoeira inimiga da religião em geral e do cristianismo em particular — tamanha é a confusão que reina em certos espíritos...

Uma elite seleta, porém, começa a encarar a Filosofia como algo bem mais sério, profundo e vasto; como uma norma e diretriz segura para a vida humana dignamente vivida; como a quintessência da Religião intuitivamente compreendida e integralmente experimentada.

É fora de dúvida que, para os séculos vindouros, a Religião será cada vez menos dogmática e cada vez mais racional; o homem religioso do futuro, cristão autêntico, não estará satisfeito com a encampação automática e cega de uma série maior ou menor de artigos de fé que seus chefes espirituais proclamem como sendo a "revelação de Deus". O homem realmente religioso de amanhã quererá conhecer de experiência própria e imediata o grandioso mundo invisível; quererá saber racional ou espiritualmente o que é Deus, a alma, a íntima essência do cosmos — e ele o saberá, como o sabiam e sabem todos os Himalais e Itatiaias espirituais da humanidade, sobretudo o maior deles, que sintetizou a sua grande sabedoria na frase lapidar: "Conhecereis a verdade — e a verdade vos libertará".

A libertação do homem pelo conhecimento da verdade — eis o verdadeiro escopo da Filosofia!

A elite da humanidade vai em marcha acelerada rumo à sua emancipação final de ignorância e erros milenares — e não há nada que possa sustar esse glorioso avanço do espírito humano em demanda da verdade libertadora... Os que, imbuídos de preconceitos sectários, pretendem refrear ou cercear essa evolução cósmica do gênero humano são tão dignos de compaixão como alguém que tentasse revolver à sua nascente a poderosa torrente do Amazonas em demanda da vastidão do oceano. As eternas leis cósmicas são inexoráveis, e seus pequeninos opositores, embora se tenham em conta de gigantes, acabarão por ser esmagados como ridículos pigmeus...

A "verdade libertadora" — que alvo mais glorioso poderia existir para o humano viajor, aqui na terra? Ser liberto de todas as escravidões internas; ser remido de todas as redenções da vida; ingressar no grandioso mundo da verdadeira liberdade interior, a "gloriosa liberdade dos filhos de Deus" — que destino glorioso aguarda o homem conhecedor da verdade!...

Para saber experiencialmente é necessário que o homem, em primeiro lugar, creia firmemente na realidade, e depois viva em perfeita harmonia com essa sua fé. Por meio dessa fé intensamente vivida, atingirá o homem, mais dia menos dia, o luminoso cume da montanha sagrada, isto é, um verdadeiro e imediato saber experimental da Suprema Realidade — Deus. Já não dependerá das opiniões ou hipóteses de fulano, ou sicrano, nem dos dogmas e das teologias desta ou daquela hierarquia eclesiástica; possuirá dentro de si mesmo, com toda a humildade e firmeza, a exultante certeza sobre Deus, sobre o mundo e, acima de tudo, sobre si mesmo. Esse conhecimento da verdade libertadora se revelará nesse homem como imperturbável serenidade, nascida de uma felicidade inefável; e essa felicidade o cingirá de um luminoso halo de bondade e amor para com todos os seus semelhantes e todos os seres do mundo inferior.

A luta entre monismo e dualismo na alvorada do cristianismo

Orígenes — Agostinho — Pelágio

A evolução do pensamento filosófico cristão teve, nos primeiros séculos da nossa era, três representantes típicos em *Orígenes* de Alexandria (séculos II e III), *Santo Agostinho* e *Pelágio* (ambos dos séculos IV e V).

Todos esses pensadores eram dotados de grande inteligência e inteiramente devotados ao ideal cristão; o primeiro era catequista leigo; o segundo, bispo, e o terceiro, monge. Entretanto, difere notavelmente o modo como cada um deles concebe a Deus, o homem e o mundo, e as relações que entre eles vigoram. Sendo que as idéias fundamentais de Orígenes, Agostinho e Pelágio continuam a dominar no seio do cristianismo, é necessário que delas tenhamos noção exata.

1. *Orígenes*, educado no ambiente da escola neoplatônica de Alexandria, concebe essas realidades, como em parte já expusemos, através do prisma de um monismo ético profundamente espiritual e místico, interpretando alegoricamente os textos bíblicos que pareçam destoar dessa concepção. Já definimos alhures o que vem a ser esse monismo.

No tocante ao homem, afirma Orígenes inteiramente pelo diapasão das conhecidas palavras de seu grande contemporâneo e patrício, Tertuliano: "A alma é cristã por natureza". Quer dizer que toda alma humana é cristã, ou divina, em virtude da sua própria natureza íntima; mas esse cristianismo, ou essa divindade latente da alma deve passar do seu estado inconsciente para o plano consciente; o homem deve "ver" o reino de Deus nele existente desde o início. O cristianismo não é algo que *de fora* seja impingido ao homem, mas é a própria natureza da alma humana que deve evolver *de dentro*, assim como uma árvore evolve do interior da semente que a contém virtualmente desde o princípio. Se, mais tarde, Agostinho afirma que o cristianismo não nasceu com o Cristo, mas, sim, com Adão, repete ele essencialmente essa mesma concepção de Orígenes e Tertuliano, embora não fale, nesse particular, como locutor e intérprete da teologia eclesiástica, que, em outra parte, defende. (Convém não esquecer que o filho de Mônica, filósofo neoplatônico até os trinta anos e teólogo cristão durante mais de quarenta, nunca deixou de ser um pensador bivalente, cuja filosofia monista e teologia dualista andaram empenhadas perenemente em guerra declarada ou paz armada.)

Ora, uma vez admitida a premissa maior de que todas as coisas emanaram da única substância eterna, Deus, era inevitável admitir logicamente que todas as coisas voltariam, finalmente, à sua origem, sem excluir os seres conscientes e livres.

Nesse sistema de pensamento não cabe nenhuma "perdição eterna", nenhum "inferno sem fim", nenhum "Satanás impenitente". Por mais intensamente livre que uma creatura seja, e por mais que ela, pelo uso ou abuso da sua liberdade, se afaste da sua origem divina, é metafisicamente impossível que ela se separe de Deus para sempre, fugindo, por assim dizer, pela "tangente" e perdendo-se eternamente nas zonas noturnas e frígidas de um ateísmo irrevogável. Pois, sendo a creatura livre e única autora do seu inferno, é só ela que pode pôr termo a esse inferno; só ela pode desfazer o que fez; Deus, que não contribuiu para que o pecador acendesse o seu inferno, também não contribuirá para que ele o extinga, porque respeita integralmente a liberdade que outorgou às creaturas conscientes do seu mundo. Deus nada tem que ver nem com a construção nem com a destruição do inferno de qualquer ser consciente e livre. É o que se depreende do próprio conceito da liberdade.

Todo o erro sobre o "inferno eterno" professado pelos teólogos dualistas está em que eles consideram o inferno como um determinado "lugar", com definida localização geográfica ou astronômica, lugar esse creado por Deus para castigo de seus inimigos; não compreendem que o inferno (como também o céu) não é um *lugar físico*, mas, sim, um *estado moral* do ser consciente e livre, o estado da sua aversão de Deus e da voluntária perpetuação desse estado pecaminoso. Se esse inferno está no homem, o homem está no inferno. Se o céu está no homem, o homem está no céu. Na vida presente, é verdade, o homem, ainda dominado pela consciência sensitivo-intelectual, não percebe claramente esse inferno ou esse céu em que está; dia virá em que essa consciência se lhe tornará intensamente clara.

Orígenes, à luz duma lógica retilínea e dum raciocínio inexorável, proclama a célebre *apokatástasis*, isto é, a "reabilitação final" de todas as coisas, o consciente e voluntário regresso à casa paterna de todos os "filhos pródigos", seja qual for o "país estranho" em que eles estejam guardando os seus "rebanhos de porcos". Algum dia, mesmo que seja no fim de inúmeros *aiones* (eternidades), esses filhos rebeldes terão saudade da casa paterna, "entrarão para dentro de si mesmos" como aquele do Evangelho e, descobrindo o seu verdadeiro Eu divino, a sua inalienável filiação divina — pois todos eles são filhos de Deus, mesmo na mais profunda degradação —, começarão a fechar a grande parábola que, pelo abuso consciente da sua liberdade, os levou para tão longe de seu centro divino. Pode ser que leve incontáveis eternidades o fechamento da enorme parábola ou elipse desses cometas erradios, como eternidades levou o abrimento da grande curva; mas a gravitação cósmica da Divindade é infinita e atua a qualquer distância; nenhum planeta ou cometa, humano ou evangélico, a despeito do mais radical abuso da sua vasta liberdade, pode traçar a sua órbita centrífuga para além do alcance da força centrípeta do astro central, Deus. O teotropismo não morre jamais, porque é a voz da própria natureza de todo ser, sobretudo do ser consciente e livre. Não há distância assaz grande onde não ecoe a voz desse inextinguível teotropismo universal. Se um único ser pudesse fugir a Deus para sempre, emancipar-se da sua jurisdição eternamente, Deus deixaria de ser Deus, e a ordem cósmica seria um mito, porque acabaria em caos e confusão.

Orígenes compreendeu que Deus revela a sua maior potência precisamente em crear seres conscientes e livres e permitir que dele se afastem, no tempo e no espaço, até onde e até quando quiserem; não os obriga de forma alguma a regressarem — assim como o pai do filho pródigo não mandou ao rebelde nenhum mensageiro para convidá-lo a voltar, ciente de que o filho, sendo quem era, tornaria, livre e espontaneamente, à casa paterna, depois de atingir a extrema curva da parábola centrífuga, como realmente aconteceu. Visto cá de baixo, das brumas do tempo e do espaço, da exígua colina da nossa miopia humana, não devia Deus permitir essas "desordens" de Satanás e dos homens satanizados; mas, lá das infinitas alturas da eternidade, essas "desordens" subjetivas fazem parte da grande ordem objetiva, e por isso pode Deus permitir o que a nós nos parece impermissível.

Não negamos que, em tese, seja possível um inferno eterno, no caso em que algum desses seres livres deixe de revogar o seu pecado, uma vez que Deus não desfaz o que a creatura livre fez. De maneira que, em última análise, toda a questão se reduz a este ponto focal: se o pecador, humano ou angélico, *quer ou não quer* revogar livremente o seu ato mau livremente cometido, ou melhor, o seu estado pecador livremente criado e mantido.

Orígenes nega que um ser possa querer, para todo o sempre, ser pecador.

Por que não?

Porque todo pecado envolve infelicidade, e a infelicidade como tal não pode ser objeto da volição permanente de nenhum ser consciente, uma vez que todo ser é dominado pelo inextinguível desejo de felicidade. Por algum tempo, mesmo por vastíssimos *aiones*, pode o ser consciente encontrar felicidade no pecado, pode ver nele algo agradável e fascinante, sobretudo no pecado do orgulho pessoal, que é o pecado em sua mais alta potência. Entretanto, sendo que todo ser é inalienavelmente filho de Deus, esteja onde estiver, faça o que fizer, não é possível que encontre quietação e felicidade definitiva longe de Deus. A gloriosa exclamação de Agostinho: "Fizeste-nos para ti, Senhor, e inquieto está o nosso coração até que encontre quietação em ti!" é a cristalização dessa grande verdade sobre o inextinguível teotropismo de todos os seres.

Para os que admitem a *creatio ex nihilo*, ou seja, a origem de todos os seres do abismo da mais absoluta vacuidade, é possível conceber um inferno eterno, porque, não tendo os seres vindo, propriamente, de Deus, filhos da substância divina, não existe entre eles e Deus vínculo assaz estreito e afinidade bastante íntima para voltarem à sua primeira origem; poderiam, quando muito, voltar ao Nada, donde saíram, segundo a concepção dualista. Para um "filho do Nada", o brado teotrópico seria demasiadamente precário e fraco para obrigá-lo a voltar a Deus, que, neste caso, seria uma espécie de padrasto ou pai adotivo, mas não propriamente um pai. A conclusão lógica, para o dualista, seria o completo aniquilamento, a extinção total do pecador impenitente, a sua definitiva redução à inexistência absoluta (embora esse ato seja intrinsecamente impossível). Na realidade, todavia, o dualismo teológico não admite essa extinção total, mas proclama a vida eterna também do pecador, porém uma vida eterna em intermináveis tormentos — teoria essa que faz aparecer a Deus, o Deus da "justiça e do amor", numa perspectiva de indizível monstruosidade.

Em vez de reduzir misericordiosamente ao nada o que do nada veio, prefere Deus, segundo esses teólogos, conservar eternamente o pecador em indizíveis tormentos, não lhe permitindo sequer que se arrependa do pecado, cometido talvez num segundo de desatino moral. E estranham, depois, que haja ateus e agnósticos no seio do cristianismo. De fato, não há ateus fora do mundo cristão; o ateísmo é produto típico, não do cristianismo de Cristo, mas da teologia de certos cristãos.

Da possibilidade da transição do inferno ao céu não se segue, logicamente, o processo inverso, como se tem objetado, pois do fato de o homem infeliz desejar a felicidade não segue que o homem feliz, plenamente feliz, possa desejar a infelicidade, uma vez que a felicidade é a lei positiva de todo ser, mas não a infelicidade.

Há outra razão por que Orígenes e a escola neoplatônica cristã rejeitam a idéia de punição eterna — e esta razão é antes de caráter *ético* do que *metafísico*. É a idéia da *solidariedade da família humana*. Verdade é que esse argumento não vem explicitamente tratado na concepção da *apokatástasis*, mas não deixa de transparecer, freqüentemente, nas entrelinhas como razão concomitante. Resume-se no seguinte:

Num grau de evolução espiritual inferior acha o homem compatíveis as idéias de um céu eterno e de um inferno eterno como realidades coexistentes; admite tranqüilamente a possibilidade de que uma parte da humanidade — digamos 50% — goze de uma eterna beatitude no céu, enquanto os restantes 50%, ou tantos, sofram eternos tormentos no inferno. Possivelmente, entre os bem-aventurados haja muitos que tenham levado vida pecaminosa, aqui na terra, mas se tenham convertido na hora da morte, escapando assim aos castigos eternos, ao passo que muitos dos que estão no inferno foram pessoas corretas, mas, em momento de fraqueza, pecaram e morreram sem arrependimento, talvez vítimas de um acidente inesperado, e toda a sua vida de ética e espiritualidade, quiçá meio século ou mais, foi inutilizada num só instante.

É provável, outrossim, que parte da mesma família — pai, mãe, filhos — ou de pessoas unidas aqui por vínculos de amor — esposos, noivos, amigos — esteja no céu e outra no inferno. Entretanto, os de cima são capazes de gozar para sempre perfeita felicidade, sabendo que outros membros de sua família ou amizade são infelizes para sempre e não têm a menor possibilidade de sair dessa sua eterna infelicidade.

Em conseqüência da nossa obtusidade espiritual e ética e da quase completa ausência de um senso apurado de solidariedade humana, somos capazes de tolerar tranqüilamente esse pensamento horroroso; mas uma alma realmente cristã e, portanto, espiritualmente sensível à luz do amor universal não toleraria semelhante dualismo eterno. O que a faria sofrer não seria o fato de estarem outros sofrendo, porque conhece a função redentora do sofrimento; mas, sim, a idéia de um sofrimento alheio completamente *inútil*, porque sem esperança alguma de redenção. Essa *eternidade inútil do sofrimento* de uma única pessoa humana destruiria a felicidade celeste de qualquer alma realmente cristã. O céu se transformaria em inferno se o inferno não pudesse transformar-se em céu! E, se um habitante do céu pudesse ser eternamente feliz ao lado de milhares de irmãos seus eternamente infelizes, esse bem-aventurado seria o mais refinado egoísta, e o céu seria a assembléia dos *egoístas em gozo*, como o inferno seria a congregação dos *egoístas em tormento*. Todo homem dotado de nobreza de sentimento e sensibilidade espiritual simpatizaria antes com estes do que com aqueles...

De resto, tanto Orígenes, em seu livro *Peri archon* (Sobre os princípios), e os neoplatônicos cristãos como todo homem sensato sabem que qualquer sofrimento infligido a um ser *só pelo gosto de o fazer sofrer* e sem nenhuma intenção pedagógica ou disciplinar é intrinsecamente imoral, e o seu autor é um verdadeiro monstro de perversidade. A única razão que justifica a infligição de sofrimento e redime seu autor da pecha da perversidade moral é a possibilidade e o desejo sincero de levar o castigado a melhores sentimentos e caminhos mais puros, como, aliás, indica a palavra latina *castigare*, composta de *castum* (casto, puro) e *agere* (fazer), isto é, "fazer puro" ou "purificar". A simples punição do delinqüente que não tenha caráter de "castigo" ou "purificação" moral é abominável vingança e repugnante sadismo. Ora, é precisamente isto que os defensores de um inferno eterno atribuem a Deus, que, por outro lado, proclamam como sendo o "Deus do amor e da justiça", quando esse procedimento é a abolição radical tanto do amor como da justiça. Pois, se Deus — vingando-se de um minuto ou talvez um segundo de "ofensa" — condena a sofrimentos eternos o pecador sem lhe dar a menor oportunidade de arrependimento e reabilitação moral, como esses teólogos ensinam, ele é evidentemente o rei dos monstros e a quintessência da imoralidade.

Sendo, porém, que esta é, há quase dois mil anos, a teologia corrente nas esferas oficiais das Igrejas cristãs, que admira que milhares e milhões de homens sinceros, e dos melhores, se afastem da Igreja e, infelizmente, também do cristianismo, que erroneamente estão habituados a identificar com a teologia eclesiástica? De fato, todo homem que queira crer no Deus verdadeiro tem de descrer fatalmente dessa teologia. É sabido que o ateísmo é produto legítimo e privativo dessa teologia pseudocristã.

Que esplêndidos triunfos na vida individual, social e internacional celebraria o Evangelho de Cristo se Deus fosse compreendido assim como esse pugilo de homens espirituais o compreendiam! Tempo virá, embora em épocas distantes, em que este longínquo ideal se tornará palpável realidade.

Orígenes e sua escola, como já foi dito, não pertencem, propriamente, à humanidade imatura do segundo século, nem mesmo do século XX; falavam e escreviam para uma humanidade em avançado estágio de evolução espiritual, no seio da qual a razão e o senso de amor universal tivessem atingido plena maturidade.

Entretanto, a Igreja organizada, lidando, de preferência, com massas humanas em baixos planos evolutivos, não podia proclamar, *urbi et orbi*, indistintamente, doutrinas tão avançadas para homens tão atrasados.

2. *Agostinho* pode ser considerado o autor da primeira filosofia do cristianismo, intitulada *De Civitate Dei* (Sobre a Cidade de Deus), bem como o pai ou precursor da hierarquia eclesiástica, que culminou no século XIII e é teológica e politicamente sistematizada na *Summa theologiae* de Tomás de Aquino.

Educado, durante os três decênios de sua vida pagã, no espírito da escola neoplatônica de Cartago, tomou Agostinho, após a sua conversão ao cristianismo, ocorrida em Milão, rumo ideológico algo diverso e, não raro, oposto ao do início, embora não conseguisse jamais chegar a uma reconciliação definitiva entre o filósofo neoplatônico e o teólogo eclesiástico. Vai através de todas as obras e da vida inteira de Agostinho uma espécie de gemido de doloroso dualismo clamando por um monismo redentor, que não aparece. Possivelmente, é essa permanente agonia metafísica do filho de

Santa Mônica uma das principais razões da sua perene atualidade, porque milhares e milhões de bandeirantes do Infinito, de todos os séculos e milênios, se encontram a si mesmos na pessoa do genial africano, insatisfeitos com a mesquinha realidade que possuem e ansiosos pelo grandioso ideal que vislumbram ao longe, mas não logram alcançar cabalmente.

As bases últimas desse angustioso conflito de Agostinho podem resumir-se nas seguintes antíteses:

o problema corpo/espírito;

o problema razão/fé;

o problema liberdade/autoridade.

O primeiro desses problemas foi solvido satisfatoriamente com a conversão do filósofo númida a um cristianismo rigorosamente ascético, que tenta reduzir o corpo a uma obediência incondicional ao império do espírito ou da alma. Agostinho tinha noção nítida das razões dessa extrema austeridade porque, por espaço de decênios, tinha sido escravo da carne e conhecia-lhe a incrível astúcia e sagacidade, como descreve tão dramaticamente nas suas *Confissões*. Os problemas "razão e fé", "liberdade e autoridade" acompanharam-no através da vida inteira e ecoam, com gemidos e júbilos, por todas as obras do fecundo pensador.

No terreno filosófico-teológico, proclama Agostinho os três princípios básicos: a) da *creatio ex nihilo*; b) da maldade essencial do homem; c) do seu inevitável complemento, a salvação do homem pela onipotência da graça divina.

Esses três princípios não nasceram, a bem dizer, de premissas metafísicas, mas antes de fatos psicológicos. O filho de Mônica, por espaço de três decênios, foi escravo da matéria, duma sensualidade violenta, indo de derrota em derrota. Mas, de mãos dadas com esse desbragado sensualismo, herdado provavelmente de seu pai gentio, Patrício, iam as elevadas aspirações místicas de sua mãe cristã, Mônica, formando esse estranho amálgama de erotismo místico e de mística erótica que caracteriza a vida e as obras desse enigma ambulante, Agostinho. Depois da sua conversão ao cristianismo conseguiu ele reaver a castidade do corpo — mas a castidade da alma não aparece em nenhum dos numerosos livros desse homem, que se delicia em terminologia sensual-espiritual, discorrendo, por exemplo, largamente, sobre o tema de que a Lei foi fecundada pelo Cristo, e de que do ventre prenhe da lei nasceu a Graça. Aliás, toda a mística cristã da Idade Média, profundamente erótica, é tipicamente agostiniana.

Ora, um homem que via irreconciliável oposição entre matéria e espírito, corpo e alma, creatura e Creador, homem e Deus, esse homem não podia admitir, com Orígenes e outros monistas éticos, que todas as coisas tivessem emanado de Deus como de sua causa substancial. Como, por outro lado, não queria, como sincero monoteísta, estabelecer dois princípios creadores autônomos e eternos, à maneira de Zoroastro, dos gnósticos, dos maniqueus e de outros dualistas radicais, só lhe restava arriscar um compromisso entre Orígenes e Zoroastro, entre o monismo absoluto e o dualismo radical, proclamando Deus como único *autor* de tudo, mas não como única *substância* de tudo: Deus não creou o mundo de si, da sua infinita Plenitude, mas, sim, do nada, da infinita Vacuidade. Assim salvou o monoteísmo e não caiu no monismo.

Desta premissa maior, firmemente assentada, derivam logicamente todas as conclusões ulteriores que formam o sistema filosófico-teológico agostiniano.

O homem, diz Agostinho, não é realmente livre, porque, pela queda original, a luz da sua razão a tal ponto empalideceu, e a força da vontade a tal ponto enfraqueceu que, embora essas faculdades continuem a existir como que em desmaiado esboço, praticamente nada podem fazer pela redenção do homem. O homem caído é zero, e Deus é Tudo. O homem é impotência absoluta, e Deus é absoluta onipotência. O homem pode ser salvo por Deus, mas o homem não se pode salvar por si mesmo, nem pode contribuir em nada para essa salvação. A salvação é cem por cento de graça; se assim não fosse, não seria obra da graça divina, mas graças a obras humanas.

Lutero, como bom monge agostiniano, não destoou do espírito de seu grande mentor, quando, no século XVI, tornou a proclamar na Europa medieval e semipelagiana a onipotência da graça divina e a impotência das obras humanas, com a diferença de que, na concepção luterana, é a fé como que uma tênue contribuição com que o homem entra nesse negócio da salvação pela graça, ao passo que, para Agostinho, a própria fé é graça, donde resulta que a salvação é totalmente gratuita, tanto à luz da graça como à luz da fé. Deus é que dá tanto a graça como a fé. Deus dá tudo, o homem não dá nada. Também, como podia o homem contribuir com algo, se nada tem? Só teria o seu livre-arbítrio, mas esse não existe, segundo Agostinho: o homem julga ser livre, mas essa tal liberdade é ilusão e mentira. Agostinho nega radicalmente a liberdade humana, a fim de poder afirmar categoricamente a graça divina. Ele é o

Doctor gratiae, o afirmador da graça e o negador da liberdade. Assim como faz nascer o mundo inteiro do *nada metafísico*, faz nascer a salvação humana do *nada ético*.

Segue-se que, se Deus conceder ao homem a graça, o homem está salvo — se a negar, o homem está perdido. No entanto, não se pode afirmar que Deus condene o homem, apenas lhe nega aquilo que era indispensável para sair do estado da sua perdição natural, mas esse estado não é obra de Deus, senão do homem, ou, antes, da humanidade, representada por Adão. Adão condenou a humanidade em peso, e cada indivíduo humano, filho de Adão, está sujeito automaticamente a essa condenação universal, como uma criança que herdou de seus pais uma moléstia contagiosa, da qual é vítima inconsciente; ou como alguém que de seus pais endividados herdou uma grande dívida, que ele mesmo não contraiu, mas que passou para sua conta como se o tivesse feito. A humanidade se condenou em Adão, e no meio dessa *massa damnata* Deus salva alguns, os que Ele quer. Por que é que os salva? Unicamente porque *quer*. Por que deixa de salvar outros? Unicamente porque *não quer*.

Agostinho defende um *fatalismo* absoluto ou, como geralmente se diz, a *predestinação* incondicional. Chega a dizer que, como os claros e os escuros de um quadro são necessários para a perfeição artística do todo, assim também é necessária a existência de salvos e de condenados para a harmonia cósmica do universo. Imagine-se um quadro feito só de luz, ou só de sombras! Que beleza teria? E um quadro cósmico em que todos os seres livres, humanos ou angélicos, fossem eternamente felizes com Deus, sem outros que fossem eternamente infelizes sem Deus — onde estaria a perfeição desse quadro? Ou, antes, dessa horripilante monotonia de luz universal?... Todo homem é como um ator no vasto palco de Deus; é necessário que haja reis e mendigos, heróis e vilões, santos e celerados, bons e maus, nesse teatro cósmico. Os atores do mundo de Deus são como as figuras de um tabuleiro de xadrez, que são movidas pelo jogador, mas não se movem a si mesmas. Deus, o grande jogador, põe cada figura no quadro onde quer, preto ou branco — ou, no simbolismo intuitivo do Antigo Testamento, Deus, o oleiro, faz do barro da humanidade os vasos que lhe aprouverem, pequenos ou grandes, bonitos ou feios, vasos destinados a fins nobres ou a fins ignóbeis, e o barro não tem o menor direito de se queixar e reclamar, dizendo: "Por que me fizeste desta forma e não daquela?" Deus, o ditador absoluto, dita a sua vontade, e só compete ao homem aceitar em silêncio e executar as ordens do divino monocrata.

É o que na religião maometana se chama *islam*, isto é, submissão incondicional. De fato, o sistema filosófico-teológico de Agostinho está inteiramente calcado sobre a ideologia do Antigo Testamento. Nem é difícil ver o traço de união entre essa ideologia e a ditadura da hierarquia eclesiástica medieval, que deriva, propriamente, dos tempos de Agostinho.

Na sua volumosa obra *De Civitate Dei*, desenvolve ele a tese de que a *Civitas Dei* deve, aos poucos, suprimir e eliminar a *Civitas Terrena* aqui no mundo e constituir-se em única potência e realidade universal. Esse pensamento, fundamentalmente verdadeiro, quando pela cidade de Deus se entende o reino de Deus que está no homem, deu origem aos maiores abusos e às mais abomináveis violências, durante a Idade Média, porque o conceito espiritual do reino de Deus degenerou numa instituição eclesiástica, jurídica, política, militar, financeira, que, substituindo a força do espírito pelo espírito da força, fez da *Civitas Dei* uma *Civitas Terrena*, com a agravante fatal de que essa cidade terrena é acintosamente proclamada como sendo a cidade de Deus. "Quando o sal se desvirtuar, com que se lhe há de restituir a virtude?"

As doutrinas de Agostinho sobre pecado e redenção do homem são de uma clareza diáfana e foram aceitas quase universalmente, com algumas modificações pela Igreja cristã do Ocidente, até os nossos dias.

* * *

Quanto à origem da alma humana individual, convém notar que Agostinho não admite a creação direta da alma por Deus, mas simpatiza com a idéia de ser ela gerada pelos pais, não pelos corpos, mas pelas almas dos genitores; assim, diz ele, como uma luz acende outras luzes sem que ela mesma sofra diminuição da sua própria luminosidade, assim se acende a alma do filho na luz das almas dos progenitores.

Qual a razão dessa doutrina?

Agostinho é o acérrimo defensor do *pecado original* e da essencial maldade do homem. Ora, a creação da alma por Deus, acha ele, implicaria na produção de algo impuro; Deus, em última análise, crearia o pecado dentro da alma manchada desde o início.

Mas, como essa contaminação na vertical é impossível, é preferível, para em qualquer hipótese salvar a realidade do pecado original, derivar a alma horizontalmente dos pais, mediante uma espécie de geração espiritual.

Se Agostinho, a exemplo de Orígenes, tivesse admitido a natural pureza do homem e a contaminação apenas pelo abuso pessoal da liberdade, toda essa dificuldade teria desaparecido.

Em sua correspondência com o asceta São Jerônimo, que vivia em Belém e defendia categoricamente a creação direta da alma, Agostinho diz: "*Confiteor me potius ignorare quam scire*. [...] *Libentius volo discere quam dicere*" (Confesso antes ignorar do que saber. Prefiro aprender a dizer).

Intimamente ligado a essa idéia do pecado original está o conceito agostiniano do *limbo*. Aonde iriam as almas das crianças, e mesmo dos adultos, que morressem em pecado original, sem terem cometido pecado pessoal grave? Para o inferno? Impossível. Para o céu? Impossível. Devia, pois, existir um lugar intermediário, definitivo, espécie de região neutra, sem gozo nem tormento, para almas sem mérito nem demérito pessoal. É o que ele chama o limbo. Essas almas, é claro, estão eternamente excluídas da visão de Deus, porque carregadas do *peccatum naturae*, embora isentas do *peccatum personae*. Se Agostinho tivesse acreditado na reencarnação, como tantos filósofos do seu tempo, teria mandado reencarnar essas almas *neutras*, a fim de cometerem algo de *positivo* ou de *negativo* e irem, assim, para um lugar *definitivo*, bom ou mau.

* * *

No terreno da *evolução* pode Agostinho ser considerado como o mais antigo precursor cristão de Charles Darwin, embora o evolucionismo dele não seja simples darwinismo. Fala dum "universo em germe". Afirma afoitamente que o texto bíblico "Deus creou tudo de uma vez" (*Omnia simul fecit*) significa que "naquele ato estava encerrado tudo quanto existe no universo, não somente o céu, mas também o sol, a lua e as estrelas; não somente a terra e os abismos, mas também tudo quanto se ocultava na força germinadora dos elementos, antes que, no decurso dos períodos cósmicos, se desenvolvesse, assim como está visível diante de nós. Por conseguinte, a obra dos seis dias (o *hexaémeron*) não significa uma sucessão cronológica, mas uma simples disposição lógica. Também o homem faz parte dessa creação em germe; Deus o creou assim como creou a erva antes que ela existisse" (ver o livro de Agostinho *De Genesi ad litteram* [*Comentário ao Gênesis*]).

É deveras deslumbrante essa intuição genial do grande africano, antecipando em séculos e milênios a evolução do resto da humanidade. Milhões de homens e de cristãos ignoram ou negam até hoje o que esse vidente da realidade já sabia no século V da era cristã. Evidentemente, crear um ser antes que ele exista é creá-lo implicitamente antes que ele apareça explicitamente; é creá-lo em potência antes que surja em seu estado atual. O sisudo e ortodoxo São Jerônimo, lá na sua caverna em Belém, deve ter meneado a cabeça, ao ler ou ouvir tão estratosféricas ideologias de seu revolucionário e heterodoxo colega africano, bispo de Hipona.

O que há de mais notável nessa concepção evolucionista de Agostinho é o fato de ele incluir expressamente o homem nessa longa cadeia evolutiva, quando as teologias eclesiásticas do século XX continuam a negar obstinadamente essa verdade. Deveras, o cristianismo primitivo sabia de muitas coisas que o eclesiasticismo dos séculos subseqüentes soterrou sob um acervo de novos dogmas.

Igreja, *sacramentos*, *hierarquia* são, para Agostinho, pontos cardeais do cristianismo. Com ele começa a tomar vulto a idéia da Igreja como sociedade jurídica, com determinados estatutos e regulamentos. Igreja não é, para Agostinho, simplesmente idêntico a "reino de Deus": deve haver, fora desse elemento interno, uma estrutura externa, visível, e, para que alguém pertença ao reino de Deus, deve pertencer também a essa sociedade eclesiástica externa.

Ora, é claro e inevitável que todos os homens que de fato pertençam ao reino de Deus, por o terem descoberto dentro de si, renasceram pelo espírito e se tornaram nova creatura em Cristo e, mais dia, menos dia, se encontrarão e, fundindo suas experiências divinas, confraternizarão e, espontaneamente, formarão a "comunhão dos santos", que é a Igreja visível nascida da Igreja invisível, assim como a planta visível nasce do invisível princípio vital da semente. Mas o que Agostinho entende pela Igreja visível — e que, no século XIII, foi explicitamente elaborado por Tomás de Aquino e sancionado, no século XVI, pelo Concílio Tridentino — é algo bem diferente dessa idéia de crescimento espontâneo em virtude de um princípio interno espiritual. É necessário que haja regulamentos compulsórios de fora que obriguem os homens a fazer parte da sociedade eclesiástica, embora Agostinho, nesse tempo, não vá ao extremo de afirmar, como, mais tarde, o autor da *Summa theologiae* e da *Summa contra gentiles*, que a autoridade eclesiástica tenha o direito de punir até com a morte os hereges impenitentes, como a Inquisição praticou por diversos séculos, o que equivale a abolir a *alma* do Evangelho, a fim de conservar o *corpo* da teologia eclesiástica.

Na célebre questão com os cristãos *donatistas*, de Cartago e outras partes, defende Agostinho a idéia, hoje oficialmente aceita na Igreja de Roma, de que um ministro da Igreja, pecador, pode validamente administrar os sacramentos — a conhecida distinção entre *ex opere operantis* e *ex opere operato* —, de maneira que um homem moralmente desligado de Deus pelo pecado pode juridicamente estar ligado à Igreja e, embora seja inimigo de Deus, exercer atos eclesiasticamente bons e válidos. Com a proclamação desse dualismo ético-jurídico, pôs-se a hierarquia eclesiástica num terreno de autonomia moral, podendo praticar atos vantajosos ao progresso material da Igreja (cruzadas, Inquisição, excomunhões, etc.) e ao mesmo tempo desvantajosos aos interesses espirituais dos fiéis; ou seja, a proclamação do nefasto princípio de que o fim (bom) justifica os meios (maus). Esse princípio deletério, tão violentamente impugnado, no século XVII, pelo célebre cientista-filósofo católico Blaise Pascal, em suas *Lettres provinciales*, remonta aos tempos de Santo Agostinho.

Entretanto, embora Agostinho seja o insigne promotor da hierarquia eclesiástica, não pode ser considerado defensor do papado, porque, nesse tempo, o poder supremo da Igreja residia no Concílio Ecumênico (reunião de todos os bispos), como continuou praticamente até o século XIX, quando o Concílio Vaticano I (1870) substituiu esse princípio semidemocrático pelo princípio ditatorial da primazia e infalibilidade do bispo de Roma.

O que Agostinho pensava da teoria — popularizada depois do século IV — de que Jesus teria nomeado o apóstolo Pedro como pedra fundamental de sua Igreja, consoante as palavras do evangelho segundo São Mateus, capítulo 16, versículos 13 a 18, expõe-no ele vigorosamente num dos seus grandes sermões (que, na edição de Migne, Paris, 1877, se acha no volume V, páginas 479 e seguintes, sob o número 76, das obras completas, em latim, do grande doutor da Igreja, edição feita sob os auspícios dos padres beneditinos). Diz ele o seguinte:

"Quia tu dixisti mihi: *Tu es Christus, Filius Dei vivi*, et ego dico tibi: *Tu es Petrus*. Simon quippe antea vocabatur. Hoc autem ei nomen ut Petrus appellaretur, a Domino impositum est. Et hoc in ea figura, ut significaret ecclesiam. Quia idem Christus petra, Petrus populus christianus. Petra enim principale nomen est. Ideo, Petrus a petra, non petra a Petro — quommodo non a christiano Christus, sed a Christo christianus vocatur. *Tu es*, ergo, inquit, *Petrus*; *et super hanc petram*, quam cognovisti, dicens: *Tu es Christus, Filius Dei vivi, aedificabo Ecclesiam meam*; id est: super me ipsum, Filium Dei vivi, aedificabo Ecclesiam meam. Super me aedificabo te, non me super te".

Em tradução:

"Porque tu me disseste: *Tu és o Cristo, Filho de Deus vivo*, também eu te digo: *Tu és Pedro*; pois antes era chamado Simão. E vai nisto uma figura, para que significasse a Igreja. Porquanto a pedra é Cristo; Pedro é o povo cristão. Pois pedra é nome principal; tanto assim que Pedro vem de pedra, e não pedra de Pedro — assim como Cristo não vem de cristão, mas cristão vem de Cristo. Diz, portanto: *Tu és Pedro, e sobre esta pedra*, que acabas de confessar, sobre esta pedra que conheceste dizendo: *Tu és Cristo, filho do Deus vivo, edificarei a minha Igreja*. Quer dizer, sobre mim mesmo, o Filho de Deus vivo, edificarei a minha Igreja. Sobre mim é que te edificarei, e não a mim sobre ti".

Prossegue Agostinho: "Pois, quando os homens queriam edificar sobre homens, diziam: 'Eu sou de Paulo, eu sou de Apolo, eu sou de Cefas (que é o mesmo que Pedro)'. Outros, porém, que não queriam edificar sobre Pedro, mas sobre a pedra, diziam: 'Eu sou de Cristo'. Ora, quando o apóstolo viu que ele estava sendo eleito, e Cristo desprezado, disse: 'Porventura está Cristo dividido? Será que Paulo foi crucificado por vós? Ou fostes batizados em nome de Paulo?' (1Cor 1,12). Assim, como não o foram em nome de Paulo, tampouco o foram em nome de Pedro, mas, sim, em nome de Cristo, para que Pedro fosse edificado sobre a Pedra, e não a Pedra sobre Pedro".

O escritor católico Launoy elaborou a seguinte estatística sobre esse aspecto particular: nos primeiros séculos do cristianismo, era quase geral essa opinião de Santo Agostinho, da qual o doutor da graça se constituiu veículo e porta-voz; dentre os escritores eclesiásticos, num total de 85, 17 consideravam Pedro como sendo a Pedra; 44 tomavam a confissão de Pedro pela pedra; 16 entendiam que Cristo era a pedra, enquanto os restantes 8 opinavam que a Igreja foi construída sobre todos os apóstolos representados por Pedro. Ora, sendo que a opinião dos que tomam o Cristo ou a confissão de Pedro pela rocha da Igreja é praticamente idêntica (como no próprio texto de Santo Agostinho), chegamos à conclusão de que 60 autores cristãos entre

85 não consideravam o indivíduo humano Pedro como o fundador da Igreja — tanto mais que Jesus, pouco depois, chama a esse mesmo Pedro "satanás", como antes o chamara "carne e sangue". Entretanto, a partir do século IV, com o crescente movimento centralizador da hierarquia eclesiástica, em conseqüência da estreita união com o Império Romano, a primazia de Pedro começou a ser invocada como traço de união entre essa nova tendência romanizante no seio da hierarquia.

Agostinho, embora não tenha promovido diretamente essa centralização do poder eclesiástico, lançou contudo as bases e estabeleceu as premissas sobre as quais ela foi realizada no correr dos séculos subseqüentes, culminando no século XIII — quando aparecem os primeiros sintomas nítidos da reação contra essa tendência.

Agostinho, o platonista cristão, ou o cristão platônico, não conseguiu jamais, durante a sua longa vida, como vimos, estabelecer verdadeira e satisfatória harmonia entre o grandioso *monismo filosófico* de Platão e dos seus discípulos alexandrinos e o *dualismo teológico* da Igreja do seu tempo. Quando pensa, pensa em moldes platônicos — quando fala, fala em terminologia eclesiástica. Ele é filósofo platônico *ex opere operantis* (subjetivamente) — e é teólogo eclesiástico *ex opere operato* (objetivamente). É monista na *metafísica* — e dualista na *ética*. Se a Igreja, de que ele era bispo, tivesse sido uma Igreja de homens espiritualmente adultos, nenhuma dificuldade teria havido para que o guia de almas proclamasse desassombradamente o princípio positivo da divindade essencial do homem e de todos os seres emanados de Deus — mas, como essa Igreja era composta, de preferência, como ainda hoje, de homens espiritualmente imaturos, aconselhava a prudência e a pedagogia que o princípio de *disciplina incondicional*, baseada na idéia dualista autoridade-obediência, prevalecesse contra o ideal da *liberdade espiritual*, a "gloriosa liberdade dos filhos de Deus".

Na sua grande obra *De Civitate Dei* tenta Agostinho construir uma metafísica e uma cosmologia tipicamente cristãs; mas não o consegue, porque o Antigo Testamento, considerado como preliminar do Novo, quase nada de positivo lhe oferecia nesse sentido, algo que fosse filosoficamente defensável; e, quanto ao Novo Testamento, os conceitos filosófico-metafísicos eram ainda mais escassos. Só nas epístolas paulinas encontrou ele algumas magras e incertas indicações nesse sentido. De maneira que, por bem ou por mal, teve de recorrer aos velhos mestres pagãos da Grécia, do Egito e, indiretamente, da Índia, para arranjar o material necessário de que pudesse elaborar uma espécie de "Filosofia do cristianismo", ou antes uma tal ou qual *Weltanschauung* eclesiástica — tanto mais que poderosas ideologias pagãs fascinavam preclaras mentalidades da época, ao passo que o cristianismo aparecia como uma religião de escravos, proletários e massas ignorantes.

Tudo que de metafísico e filosófico existe na *De Civitate Dei* são empréstimos levantados no banco dos pensadores greco-romano-egípcios, ideologias gentias batizadas com as águas da teologia eclesiástica da época.

A tendência, consciente ou inconsciente, de separar totalmente o cristianismo do paganismo, em vez de ver neste um estágio preliminar daquele, levou Agostinho a latentes ou manifestos conflitos com os fatos históricos, com a razão e, não raro, consigo mesmo. O que ele tentou realizar no terreno ético, cavando um abismo entre o corpo e a alma e estabelecendo uma ascese cristã visceralmente dualista — isto mesmo tentou concretizar no campo da metafísica, considerando o cristianismo como algo diametralmente oposto ao gentilismo.

Para ele, ser cristão é *crer* — ser filósofo é *pensar*. Que o último passo do *crer* seja *saber*; que toda *fé*, quando chegada à plena maturidade, seja *sapiência*; que o "conhecer imperfeito através de espelho e enigmas" possa culminar no "conhecer perfeito face a face" — tudo isso diz Agostinho, aqui e acolá, nos seus escritos; mas quem o diz, em tácitos solilóquios consigo mesmo ou profundas reticências perante Deus, é o filósofo platônico-místico — e não o teólogo eclesiástico a dialogar com os homens de seu tempo... Raras vezes, ousa Agostinho ser o que é. Percebe-se, por suas palavras, que está numa permanente fuga de si mesmo, isto é, daquele Eu de Tagaste, Madaura e Cartago; receia resvalar para dentro do tenebroso abismo dos primeiros trinta anos de sua vida, pagã e pecadora; não sabe distinguir entre o seu Eu físico-mental, impuro, e o seu Eu espiritual, puro; por isso, rejeitando peremptoriamente aquele, rejeita também este; derrotando o *Satã* do seu interior, derrotou também o *Cristo* interno, apelando para o Redentor externo — como se houvesse outro Cristo, além daquele que "ilumina a todo homem que vem a este mundo", o Cristo que em Jesus era plenamente consciente e vígil e em nós ainda dorme semiconsciente, como o Nazareno naquela barca de Pedro em plena tempestade!... De fato, Agostinho não crê na identidade do *Cristo de dentro* e do *Cristo de fora*; não espera o reino de Deus nascendo de dentro dele, espera-o como vindo de fora dele, como a maior parte dos cristãos do século XX.

Foi esse dualismo que levou Agostinho à mais violenta e persistente das suas polêmicas — a tremenda luta contra Pelágio e o pelagianismo.

Com Agostinho, como dizemos, agoniza, historicamente, a filosofia neoplatônica no seio da Igreja pagã. Mas as vigorosas sementes da grande árvore derribada foram jogadas a enorme distância, em todas as direções, e as tempestades da perseguição levaram-nas até os confins do globo. Muitas dessas sementes filosóficas continuaram a viver, invisivelmente, no subsolo do cristianismo, disfarçadas de teologia e liturgia e rompendo, aqui e acolá — como no esplêndido *Exultet*[1] —, em verdes plantinhas, alheias ao meio, ou continuando a dormir na sua silenciosa hibernação secular e milenar, à espera da grande alvorada.

---

[1] Na madrugada do Sábado de Aleluia canta-se, a cada ano, nas igrejas católicas, o magnífico hino intitulado *Exultet*, atribuído a Santo Agostinho. Nessa vibrante apoteose ao Cristo ressuscitado ocorrem as seguintes palavras: "*O felix culpa! O vere necessarium Adae peccatum, quod talem et tantum meruisti habere Redemptorem!*" Traduzindo: "Ó feliz culpa! Ó pecado de Adão, verdadeiramente necessário, que tal e tão grande Redentor mereceste!"

Seria absurdo admitir que o "doutor da graça" e o cristianismo primitivo, de cujas regiões é este hino um eco estranho, tivessem proclamado a felicidade de uma "culpa" real, e a necessidade de um verdadeiro "pecado". Entretanto, engastadas no ambiente da época, revelam essas palavras, repetidas até hoje na liturgia espiritual duma Igreja cuja teologia escolástica é diametralmente oposta a essa ideologia, que a Igreja daqueles tempos, e seu grande expoente africano, não viam no chamado "pecado original" um verdadeiro pecado, no sentido teológico de hoje, mas, sim, a transição do homem primitivo impecável para um estado de pecabilidade, isto é, a evolução do homem inconsciente do Éden, ignorante da diferença entre o bem e o mal, rumo ao homem consciente posterior, no qual a culpa e o pecado se tornaram possíveis. Se essa metamorfose, do homem inconsciente ao homem consciente, não tivesse ocorrido, não teria vindo o Redentor. Neste sentido, pode-se falar de uma "culpa feliz" e de um "pecado necessário".

O que os teólogos ortodoxos de hoje chamam uma "inovação" no seio do cristianismo é, como se vê, antes uma "renovação" ou um regresso à pureza e à profundidade do cristianismo genuíno e integral dos primeiros tempos, ainda não contaminadas pelo dualismo escolástico de tempos posteriores. (N. do A.)

Em nossos dias, muitas dessas sementes antigas, aparentemente mortas e realmente vivas, encontram terreno propício. Orígenes, dado por morto, revive, revolve a pesada laje do túmulo e ressuscita, encontrando em plena floração a sementeira que lançou nos primórdios do cristianismo...

3. *Pelágio*. Diametralmente oposta à ideologia agostiniana é a doutrina de Pelágio, monge britânico que vivia em Roma e, algum tempo, no norte da África. Admite, com Orígenes e os neoplatônicos, a bondade fundamental do homem e, portanto, o livre-arbítrio. Segundo ele, 1) o homem não herdou pecado original de Adão; pecado não é tara da natureza humana, mas abuso da livre vontade do homem individual; não se herda, só se adquire pecado; 2) todo homem é creado como Adão inocente e puro, dotado de perfeita liberdade; por isso, é possível uma vida inteiramente boa e isenta de pecado; 3) crianças recém-nascidas são absolutamente puras, e por isso o batismo de crianças não tem sentido algum; só um adulto deve receber batismo, como sinal externo de uma purificação interna realizada pela conversão livre e espontânea do pecador; 4) a salvação é possível em virtude da livre vontade do homem, ainda que o exemplo de Cristo seja de grande vantagem para todos os que não atingiram ainda essa altura da perfeição.

Agostinho acusa Pelágio de proclamar uma *ego-redenção*, quando o cristianismo só conhece uma *teo-redenção*.

O conflito entre Agostinho e Pelágio baseia-se, em última análise, em uma confusão ou obscuridade de idéias, como sempre acontece em casos análogos. O que o bispo africano e o monge britânico entendem pelo Eu ou Ego e, portanto, pela ego-redenção devia ser nitidamente definido, o que, todavia, não aconteceu. Da mesma forma, não havia clareza sobre o que cada um deles entendia pela palavra "Cristo". Se pelo "ego" se entende o indivíduo humano, feito de elementos físico-mentais, é claro que nenhuma ego-redenção é possível; mas se esse "ego" é idêntico ao elemento universal, eterno, divino, dentro do homem, o Emanuel, o Reino de Deus no homem, a participação da natureza divina, o Cristo interno, é claro que, neste caso, ego-redenção é essencialmente idêntica a Cristo-redenção ou teo-redenção. Paulo de Tarso sabia que "o Cristo vivia nele", como Jesus sabia que não era ele que fazia as obras, mas que era "o Pai dentro dele", que sua doutrina não era sua, mas, sim, "daquele que o enviara".

Essa mesma confusão continua a vigorar em nossos dias. Todos os dualistas são agostinianos — como todos os monistas são pelagianos, isto é, basicamente neoplatônicos ou origenistas.

Num nível superior de compreensão da Verdade, Agostinho e Pelágio, e todos os demais antagonistas aparentemente inconciliáveis, são amigos irmanados no mesmo ideal supremo.

"Conhecereis a Verdade — e a Verdade vos libertará."

O ocaso da Idade Média e a alvorada do período contemporâneo. Da infância à adolescência da humanidade

O pensamento filosófico da Antiguidade, representado principalmente pela Índia, pelo Egito e pela Grécia, expira pelo fim do segundo e início do terceiro século do cristianismo. Os seus derradeiros representantes clássicos são os exímios pensadores neoplatônicos de Alexandria e Roma: o judeu Filo, o gentio Plotino e o cristão Orígenes.

Na segunda metade do quarto e primeira do quinto século, Agostinho, educado no espírito neoplatônico de Cartago, não ousou, após sua conversão ao cristianismo, defender integralmente essa ideologia, que lhe parecia incompatível com as mais prementes necessidades da Igreja cristã, de que ele era, nessa época, o principal defensor filosófico-teológico.

Depois de Agostinho, o monismo platônico desapareceu praticamente do cenário da história, suplantado grandemente pelo dualismo (ou, antes, pluralismo) aristotélico, que, no século XIII, encontrou a sua mais brilhante expressão no monge dominicano de Nápoles Tomás de Aquino, o qual, em sua obra monumental *Summa theologiae*, batizou e crismou cristãmente a filosofia pagã do Estagirita, fazendo dela a filosofia oficial da Igreja medieval e, até hoje, a ideologia filosófico-teológica predominante no setor romano do cristianismo, bem como, em boa parte, no protestantismo ortodoxo.

Ao lado desse tronco central aparecem, naturalmente, numerosas ramificações laterais, sobretudo tendências neoplatônicas, que continuam a viver subterraneamente através dos séculos, embora não toleradas pelas teologias oficiais.

O século XIII, como dizíamos, pode ser considerado como ponto culminante da orientação filosófico-teológica aristotélico-tomista, coincidindo com o apogeu do poder espiritual-material da hierarquia romana[1].

A partir desse século começa a aparecer, cada vez mais forte e nitidamente, a reação contra essa ditadura físico-mental-espiritual de Roma. A humanidade européia começa a acordar do seu letargo, quase dez vezes secular, porque a evolução humana tinha ultrapassado o seu estágio infantil, caracterizado pelo lema autoridade-obediência,

---

[1] Não trataremos, neste volume, da filosofia medieval, que culminou na escolástica de Tomás de Aquino, porque, para nós, filosofia é um sistema de pensamento autônomo, unicamente orientado pela Verdade como tal. A filosofia medieval, porém, está inteiramente subordinada à teologia eclesiástica da época, como continua até nossos dias, sem nenhuma liberdade de investigar a verdade objetiva em si mesma. O filósofo eclesiástico tem de considerar, de antemão, como verdadeiro, tudo que a autoridade teológica decretar como tal, e ter por falso tudo que ela condenar. Os contraventores a essa norma teológica foram sempre punidos, muitos deles com a morte.

Afirmam os escolásticos que os dogmas da Igreja são expressão pura e fidedigna da revelação divina, contra a qual nenhuma filosofia humana pode prevalecer. Entretanto, qualquer pensador desapaixonado e conhecedor dos fatos históricos rejeitará essa identificação da teologia eclesiástica com a revelação divina. São por demais manifestas e numerosas as discrepâncias entre esta e aquela. A teologia é, quando muito, uma tentativa, mais ou menos feliz ou infeliz, de interpretar a revelação divina, interpretação sempre condicionada pela mentalidade da época e, não raro, em flagrante conflito com os fatos objetivos da ciência.

Não há nem pode haver teologia definitiva no seio duma humanidade em permanente estado de evolução. Deus, certamente, é absoluto, mas o conhecimento que o homem tem de Deus é relativo, e nunca deixará de ser relativo, suscetível de progresso e evolução incessante. Decretar uma teologia definitiva e imutável sobre Deus é o mesmo que arrancar do jardim uma planta viva, prensá-la devidamente e conservá-la num herbário ou museu. O cristianismo, porém, não é um museu de esqueletos mortos, mas, sim, um jardim de plantas vivas e viçosas.

Uma filosofia viva e dinâmica é incompatível com uma teologia morta e estática. A escolástica não é uma verdadeira filosofia, mas uma teologia eclesiástica pseudofilosoficamente subestruturada para defesa de certos dogmas. (N. do A.)

e se dispunha a entrar no período da obediência, assinalado pela proclamação da Razão[2], como guia suprema da vida humana.

Personalidade *versus* Autoridade! É este, desde então, o grito de guerra.

De modos vários se revela, nos séculos subseqüentes, essa revolta da personalidade contra a autoridade.

No terreno das ciências e artes, chama-se essa revolução "Renascença" ou "Renascimento".

No terreno político-social é chamada "Democracia", inaugurada violentamente pela Revolução Francesa.

No terreno religioso-espiritual é conhecida pelo nome de "Reforma Protestante" ou Evangélica.

No fundo, todas essas manifestações remontam à mesma raiz, que é o despertar da consciência humana como personalidade autônoma e sua rebeldia contra a autoridade externa como fator heterônomo. Assim como o indivíduo humano, por volta dos catorze ou quinze anos, deixando a infância e iniciando a adolescência, tem, geralmente, ímpetos mais ou menos conscientes de sacudir o jugo da autoridade paterna e materna e guiar-se por si mesmo, em vez de ser guiado por outros, da mesma forma se sentia a humanidade cristã pós-medieval obrigada a deixar o jardim de infância da "santa Madre Igreja" (falsamente identificada com o cristianismo ou o Reino de Deus) e enveredar pelos caminhos novos da puberdade, cheia de fascinantes maravilhas, como também de grandes perigos.

Censurar a humanidade da renascença pelo que fez seria o mesmo que levar a mal a uma criança o fato de se ter tornado adolescente, "apostatando" da sua "infância querida que os anos não trazem mais", e cantar com o poeta melodramático: "Saudades, tenho saudades desses tempos que lá vão". Seria o mesmo que querer revolver à sua nascente um rio em plena marcha rumo ao oceano. O fato de alguém entrar na adolescência, ultrapassando o estágio infantil, não equivale a odiar a infância; é obedecer à lei inexorável da evolução. Querer

---

[2] Chamamos a atenção do leitor para o fato de que "Razão", em todo esse período evolutivo, quer dizer "intelecto", e não propriamente o *Logos* (Razão) de Heráclito e dos neoplatônicos. O racionalismo da Renascença é, em grande parte, um intelectualismo unilateral, e não uma Racionalidade unilateral.

O autor deste livro, porém, usa o termo "Razão" no sentido verdadeiro de Heráclito e do início do quarto evangelho (*Logos*, Verbo). (N. do A.)

continuar a ser criança em plena adolescência não seria infância, mas, sim, infantilismo.

A transição da infância para a adolescência, em qualquer plano, é essencialmente boa, porque é a expressão da Vontade Cósmica ou Divina, e isto a despeito dos desatinos que o adolescente possa cometer e que a criança não teria cometido.

O homem do Éden era impecável, ao passo que o homem expulso do Éden é pecável; entretanto, não se segue daí que o primeiro estado seja mais perfeito que o segundo; porque a impecabilidade edênica era devida a um estado de inconsciência, isenta de pecado e pecabilidade, ao passo que o segundo estágio é dotado de semiconsciência, sujeita à pecabilidade (e, não raro, ao pecado). O remédio não está em regressarmos ao Éden da impecabilidade por inconsciência, como tampouco está em ficarmos no domínio da "serpente" e da pecabilidade por semiconsciência; o remédio está em ultrapassarmos também esse segundo estágio, como já ultrapassamos o primeiro, e atingirmos o terceiro plano, isto é, a impecabilidade por pleniconsciência, que é o estágio final da maturidade do Cristo[3].

Voltar à Idade Média seria infantilismo; estacionar no mentalismo da Renascença seria fechar o caminho para a plena maturidade espiritual e estagnar a meio caminho da nossa evolução. Tanto um como outro expediente seriam contrários à vontade de Deus. Não é vontade do "Pai" que o filho fique na casa paterna; nem tampouco que fique em terra estranha, guardando rebanhos de suínos; mas sim que, depois de percorrer esses estágios evolutivos e imperfeitos, chegue à última perfeição, outorgada pelo conhecimento de si mesmo e do Pai.

* * *

No terreno filosófico, essa transição da autoridade para a personalidade vem caracterizada por uma verdadeira embriaguez intelectual e moral. A emancipação da longa opressão da inteligência e da consciência revela-se, a princípio, numa incontida explosão de anarquia intelectual e moral, como, não raro, acontece na vida do

---

[3] Sobre este aspecto em particular, veja-se o livro do autor *Lúcifer e Logos*. (N. do E.)

indivíduo, que tanto mais revolucionário se torna quanto mais cerceadas forem as suas liberdades no período da infância.

Acresce que o fim da Idade Média coincide com o tempo de uma série de grandes descobertas e invenções, que revolucionaram a humanidade em todos os departamentos da vida: a imprensa, a pólvora, a bússola magnética, o microscópio, o aperfeiçoamento do telescópio, o sistema heliocêntrico, a abertura do novo caminho para o Extremo Oriente, por Vasco da Gama, o descobrimento da América por Cristóvão Colombo, e uma série de outras descobertas e invenções que restituíram ao homem a confiança nos poderes da inteligência, durante tantos séculos oprimidos ou negados como funestos à humanidade.

Preludiando o empirismo integral e o totalitarismo estatal

Tomás Hobbes (1588-1677) — John Locke (1632-1704)

Tutor de Lorde Cavendish, amigo íntimo dos Stuarts, ocupou *Thomas Hobbes* altos cargos políticos em seu país e na França, durante treze anos. Regressando à Inglaterra, dedicou-se a estudos filosóficos, tornou-se um dos mais conspícuos advogados do empirismo britânico e, assim, um dos precursores do materialismo positivista dos séculos subseqüentes.

Filosofar, segundo Hobbes, é "pensar corretamente".

Quando é que o homem pensa corretamente?

Quando compõe e decompõe mentalmente o que, na natureza, é componível ou decomponível. Pode-se considerar a filosofia como uma espécie de matemática, que soma e subtrai, combina e separa as coisas suscetíveis dessas operações.

Ora, como no âmbito da natureza nada existe que não seja componível ou decomponível — uma vez que tudo é tridimensional —, é claro que o filósofo não deve tratar de outro assunto que não sejam as coisas integrantes da natureza.

Pode um homem, certamente, *imaginar*, ou também *crer* em outras coisas — mas esses objetos imaginados e cridos nada têm que ver com a filosofia, que é uma ciência exata e objetiva. O filósofo, fiel a si mesmo, não tem o direito de afirmar nem a realidade nem a irrealidade de um mundo ultraperceptível. Deve manter completa neutralidade em face de coisas de que nada lhe dizem os sentidos e o intelecto, diz Hobbes, porque toda certeza vem da zona físico-mental; para além dessa fronteira imperam a imaginação e a fé.

Hobbes, como se vê, é um perfeito agnóstico, mas não um ateu, nem propriamente um materialista, no sentido moderno. O agnóstico confessa que ignora a existência ou inexistência de um mundo imaterial, deixando a porta aberta para o *sim* e para o *não*, professando plena neutralidade. Caso alguma faculdade diferente dos sentidos e do intelecto venha a descobrir a realidade desse mundo intangível, o agnóstico não recusa admiti-lo. O ateu, porém, vai além, afirmando possuir plena certeza da não-existência de um mundo espiritual — como se o nada pudesse ser objeto de um ato cognoscitivo real! O ateu peca contra a lógica e a matemática, que o agnóstico, pelo menos, respeita.

Hobbes entende por "natureza" algo que outros consideram apenas um pequeno segmento ou uma parcela mínima da natureza. A natureza acessível aos sentidos e ao intelecto não é, certamente, a natureza total, como ele falsamente admite.

Deus, espírito, alma, anjo, etc., não são objetos da filosofia, diz ele, embora possam ser assuntos da fé. Pode, assim, um filósofo ser um homem religioso, mas não em virtude de ser filósofo, uma vez que os motivos da fé nada têm que ver com os motivos da ciência ou filosofia.

Hobbes entende por "filosofia" aquilo que outros entendem por "ciência". Se o campo exclusivo da filosofia fosse a zona dos sentidos e do intelecto, é claro que a filosofia nada teria que ver com os domínios ultrafísicos e ultramentais. Entretanto, a própria palavra "filosofia" (amor à sabedoria) desmente essa concepção: *sophia* quer dizer sabedoria, sapiência; mas a verdadeira sabedoria não se limita ao mundo dos fenômenos individuais, concretos, materiais. A filosofia, mesmo em virtude da sua própria definição, trata da Realidade última e total do universo, e nisto tem ela afinidade maior com a Religião do que com a ciência — se é que não é apenas outra palavra para Religião.

A filosofia, além de intelectiva, é também racional ou intuitiva — como, aliás, sugere a palavra "sabedoria", derivada de *saber*, cujo sentido primário é "saborear", conhecer pela experiência própria, imediata, intuitiva.

Aplicar a palavra "filosofia" à ciência analítica dos fenômenos e seus derivados é restringir-lhe o âmbito e amesquinhar-lhe a verdadeira função.

Pensar é sentir, diz Hobbes. A inteligência é uma função do cérebro, uma série de adições e coordenação de sensações; consoante o velho adágio, "*nihil est in intellectu quod non fuerit in sensu*", nenhuma realidade existe no intelecto que não venha dos sentidos, embora a forma intelectualizada dessa realidade seja diferente da forma sensitiva.

Memória, diz o filósofo, é a duração das sensações; recordar é tornar a sentir o que se sentiu antes.

* * *

Os movimentos que os objetos externos produzem no ambiente podem ser comunicados ao cérebro por meio dos sentidos e dos nervos. Demócrito, Protágoras, Aristipo, Epicuro e em geral todas as escolas empíricas da Antiguidade frisam o caráter inteiramente *subjetivo* das nossas sensações — e Hobbes é dócil discípulo desses mestres. Ninguém percebe o objeto em si mesmo, percebe apenas uma mensagem, um reflexo, um eco, uma vibração aérea ou etérea, um fenômeno derivado desse objeto; pois, no cérebro, ou seja, no foco consciente do cognoscente, não há cores, nem sons, nem perfumes, nem extensão, como nos objetos; no cérebro não há luz, mas escuridão total — como poderia haver vermelho, azul, verde, etc.? Não há som algum, mas absoluto silêncio — como poderia haver ruídos ou sons musicais? Nem tampouco há extensão dimensional, como a sensação julga perceber.

Quer dizer que o sujeito cognoscente traduz e interpreta arbitrariamente, a seu modo peculiar, subjetivo, algo que lhe veio de fora — mas não há garantia alguma de que o fenômeno cerebral desse algo seja idêntico, ou mesmo semelhante, ao objeto real, lá fora. Esse algo existe, para Hobbes (porque ele não vai até o extremo, como Berkeley e outros idealistas metafísicos, de negar a própria realidade do objeto), mas *como* esse objeto seja em si ninguém o sabe nem pode saber. O mundo das nossas sensações intracerebrais é o único mundo com o qual estamos em contato real e do qual podemos saber algo — o mundo extracerebral é para todos nós um X ignoto, um eterno e inacessível mistério. O homem comum, é verdade, comete o ilogismo de afirmar ou negar algo desse mundo distante, ausente, lá fora, dizendo, por exemplo, que uma folha é verde, que a neve é branca, que o sangue é vermelho — quando tudo isso poderia, quando muito, ser predicado dos ecos ou reflexos que esses objetos lançam para o interior dessa silenciosa câmara escura que é o nosso cérebro. Medeia entre o sujeito cognoscente e o objeto (supostamente) conhecido um eterno e intransponível abismo, uma vez que o objeto não está no sujeito, e o sujeito não está lá onde o objeto está.

Hobbes, como todos os empiristas, nega categoricamente a

possibilidade de o sujeito cognoscente atingir o objeto cognoscendo, devendo contentar-se com o fenômeno sensório do mesmo.

Destarte, está lançada a premissa maior para dois célebres movimentos filosóficos da história: o idealismo metafísico (Berkeley e outros) e o ceticismo radical (Hume e outros).

Com efeito, todo empirista que tenha a capacidade e a coragem de pensar logicamente até o fim, e não parar a meio caminho, com medo das possíveis conseqüências, acabará, fatalmente, ou no idealismo ou no ceticismo: reduzindo o mundo inteiro a uma simples projeção do sujeito cognoscente ou então negando qualquer possibilidade de conhecimento certo do ambiente.

Hobbes, dotado de notável senso prático, não ousou levar a sua filosofia a nenhum desses extremos; o seu *common sense* britânico não lhe permitiu volatilizasse idealisticamente a realidade objetiva, nem que a desintegrasse no dissolvente ácido de um ceticismo insustentável.

Viveu uma vida normalmente humana — a despeito de sua filosofia.

Há ocasiões em que a falta de lógica é um benefício...

* * *

Livre-arbítrio, diz Hobbes, é uma das grandes ilusões do homem. Não pode haver liberdade num mundo de causas e efeitos necessários. Somos determinados, por apetites, paixões e emoções, a fazer ou deixar de fazer isto e aquilo; mas, como muitos dos motivos do nosso agir se acham, não raro, ocultos na escuridão do nosso subconsciente, para além da fronteira acessível ao nosso consciente vígil, temos a impressão de agir livremente, porque ignoramos a causa dos nossos atos, que se desenrolam com a mesma necessidade mecânica com que uma pedra demanda o centro da terra; se uma pedra filosofasse e fosse interrogada se age em virtude de uma escolha livre, ela, provavelmente, afirmaria a sua liberdade com a mesma firmeza com que os indeterministas afirmam a sua, embora essa liberdade seja a grande ilusão da nossa vida humana.

O bem e o mal, no sentido ético, são, portanto, conceitos relativos, diz Hobbes. Bom é aquilo que favorece a paz e a harmonia da sociedade; mal é o que as destrói ou põe em perigo.

Hobbes não quer ser epicurista egocêntrico, identificando simplesmente o bem com o agradável e o mal com o desagradável; proclama a necessidade do altruísmo social, advogando o conceito do utilitarismo coletivo como base da ética.

Afirmar que eticamente bom é aquilo que conserva a paz e a harmonia da sociedade é entrar em flagrante conflito, não só com a metafísica e o bom senso, mas também com a mais alta filosofia racional que já apareceu no mundo, o Evangelho do Cristo, segundo o qual haverá perseguição e desarmonia, até na mesma família, por causa do Cristo: discórdia entre filho e pai, entre filha e mãe, etc.

A verdade não depende das conseqüências agradáveis ou desagradáveis que ela possa produzir, como Hobbes supõe; ela é absoluta em si mesma, e não relativa.

Também neste ponto, o pragmatismo britânico arruinou a filosofia do estadista.

* * *

A filosofia política de Hobbes culmina na conclusão de que "*might is right*" (poder é direito). Defende a idéia de que o estado primitivo do homem era o do *bellum omnium contra omnes* (guerra de todos contra todos), e, como ninguém pode modificar fundamentalmente a natureza humana, continua essa lei a vigorar também na sociedade civilizada dos Estados modernos. Entretanto, o homem é sagaz e percebe que a vida social e a convivência nacional e internacional seriam impossíveis sem um certo grau de harmonia mútua; por isso, o homem inventou os governos, cuja função é refrear, até certo ponto, essa inevitável guerra de todos contra todos, mantendo uma relativa paz e concórdia externa. A guerra, sendo baseada na íntima natureza humana, nunca será abolida em definitivo; só poderá ser contida e mantida dentro de certos limites; uma paz armada é o máximo que o governo pode conseguir.

O governo é a suprema norma ética dentro de um país; não há ética contra ele; o chefe do governo é, em última análise, o ponto de referência em qualquer controvérsia sobre o bem e o mal. Tudo que favorece a prosperidade nacional é bom; o que a desfavorece é mau.

A conhecida doutrina de Monroe, sintetizada na frase "*right or wrong — my country*" (bom ou mau — meu país!) segue fielmente a filosofia política relativista de Hobbes.

Hitler, certamente, teria concordado plenamente com esse relativismo ético-político do filósofo britânico — embora Hobbes nunca se considerasse um político totalitário.

A última conseqüência lógica da filosofia de Hobbes é o absolutismo estatal, a ditadura entronizada como lei suprema.

É que os pensamentos têm as suas leis, que os pensadores muitas vezes ignoram. E, uma vez aceita determinada premissa, certa conclusão se segue com inexorável necessidade, à revelia mesmo de seus autores. Cuidado, pois, com certas premissas!...

Felizmente, reside nas profundezas da natureza humana misteriosa lógica vital e subconsciente, que nem sempre permite que a barquinha da nossa vida ou sociedade naufrague nos invisíveis escolhos criados pelas nossas idéias...

* * *

A filosofia de *John Locke* é essencialmente idêntica à de Thomas Hobbes e da escola empírica em geral, razão por que não a desenvolvemos em capítulo especial.

Impossibilidade de um conhecimento totalmente analítico

René Descartes (1596-1650)

1. O postulado pré-analítico

Descartes (em latim Cartesius) é chamado o "pai da filosofia moderna".

Foi ele, depois da Idade Média, o primeiro pensador europeu que situou o problema epistemológico (do conhecimento) na sua verdadeira perspectiva. E, como a filosofia contemporânea gravita, de preferência, em torno do problema do conhecimento, é claro que ninguém pode atingir a verdade sem obedecer a um processo cognoscitivo correto, embora não seja necessário ter noção explícita desse processo.

Há quem fale em Descartes como sendo o filósofo da "dubitação universal", ou da "dúvida metódica". Convém saber, todavia, que Descartes não é um cético; não recomenda a dúvida por causa da dúvida, mas, sim, como meio preliminar para investigar a verdade. A dubitação universal é, para ele, o que, para o construtor duma casa, são os andaimes do edifício em construção. Descartes recomenda a seus discípulos que sejam cem por cento não-dogmáticos, não aceitando nada simplesmente porque fulano ou sicrano o disse, ou por ser de tradição e rotina geral. Só pode conhecer algo quem se põe como que em campo raso, sem nenhuma construção alheia à sua mente.

Que é "conhecer"?

Exemplifiquemos: quando um botânico encontra uma planta desconhecida, diz que não sabe o que é. Não a "conhece". Que quer ele dizer com esta palavra "conhecer"? Não está vendo nitidamente a planta? Como é que não a "conhece"?

É que o simples testemunho dos sentidos não é, para ele, um verdadeiro conhecimento, é mera percepção externa. O animal não tem verdadeiro conhecimento, porque se limita a esse processo puramente perceptivo. O homem, porém, vai além da percepção sensitiva; não se contenta com essa "noção", mas quer uma "co-noção", uma "noção em conjunto"[1]. O verdadeiro conhecimento, como a própria palavra indica, supõe uma relação entre dois termos. A noção isolada não é *cognição* ou conhecimento. Por isso diz o botânico, ao ver a planta, que não sabe o que ela é, que não tem dela conhecimento científico. O que lhe falta é a noção da relação, a integração desse pequeno indivíduo em algum Todo maior, mais vasto, ou seja, a incorporação desse indivíduo isolado em sua espécie, no seu gênero, numa grande família botânica de que essa planta individual faça parte integrante.

Quando, então, o botânico, após acurado estudo, descobre qual o lugar que compete a esse indivíduo dentro de um Todo maior, diz que "conhece" a planta.

Depois de descobrir o grupo imediatamente superior a esse indivíduo, o cientista possui certo conhecimento, ainda que seja apenas relativo. No caso em que ele descobrisse o gênero mais genérico, último, absoluto, o Todo universal desse indivíduo, o cientista teria um conhecimento absoluto dessa planta.

Entretanto, como esse Todo Absoluto não é a soma total das suas partes, é claro que o conhecimento absoluto não é possível no plano dos sentidos e do intelecto, que são faculdades relativas e individuais, que, em hipótese alguma, podem abranger (compreender) o Absoluto e Universal.

Nesta altura, temos de avançar a mais ousada de todas as afirmações da epistemologia: é necessário conhecermos o Todo antes de podermos conhecer realmente alguma das suas partes, porque essas partes radicam no Todo e nenhuma delas é cognoscível sem que preceda o conhecimento do Todo.

Os que vivem na ilusão de que o Todo seja a soma total das partes e de que a adição destas dê aquele, não aceitarão, naturalmente, essa afirmação, que, todavia, exprime a verdade. Para os empiristas, o Todo pode ser conhecido, sucessiva e analiticamente, pela progressiva adição ou justaposição de parte a parte; se cada uma das partes for conhecida, dizem eles, o Todo é conhecido — assim como é conhecida

[1] A palavra *cognoscere*, de que derivamos "conhecer", é composta de *con* e *noscere*, o que, mais tarde, resultou em *cognoscere*, em vez de *connoscere*, quer dizer, ter uma *noção com*, em conjunto. (N. do A.)

uma biblioteca quando cada um dos livros que a compõem é conhecido.

Para Descartes, porém, e para todo verdadeiro filósofo, o Todo não é a soma total das partes, e por isso o conhecimento destas não equivale ao conhecimento daquele. O exemplo da biblioteca e seus volumes integrantes é inexato, porque a biblioteca não é um verdadeiro Todo, senão apenas um indivíduo coletivo. Comparação análoga seria a de uma planta viva e seus elementos químicos: conhecer, um por um, cada um dos elementos químicos da planta — ferro, cálcio, fosfato, iodo, hidrogênio, oxigênio, azoto, etc. — não é o mesmo que conhecer a planta; falta nada menos que o principal, a vida, que não é nenhum dos 92 elementos da química, nem mesmo a soma total deles.

Ora, não sendo o Todo — isto é, o Todo Universal e Absoluto — equivalente à soma total das partes, e como esse conhecimento das partes é essencialmente uma função dos sentidos e do intelecto, segue-se que o Todo não é cognoscível por via físico-mental.

A célebre frase de Descartes "*Cogito, ergo sum*" (eu penso, portanto existo) resume, numa concisão matemática, esta verdade.

O principal elemento desta sentença é *cogito*, eu penso.

Como é que sei que estou pensando? Poderei provar que estou pensando?

Não!

Devo prová-lo?

Nem tampouco!

Não é possível nem necessário provar, analítica ou indutivamente, que estou pensando. Por que não?

Porque esse processo cogitativo, que neste momento está acontecendo em mim, me é imediatamente consciente e meridianamente evidente, não por intermédio de algum veículo externo, mas pelo próprio estado interno, direto e imediato do meu ser.

Mas, dirá alguém, se não o provo, não tenho certeza desse fato...

Aqui é que está o grande erro. Aqui se bifurcam os caminhos da filosofia cartesiana e empírica. O empirista, e todos os setores da escola empírica, de matrizes várias, acham que a certeza vem de provas e demonstrações analíticas. A primeira ou última certeza, porém, não vem das provas. Antes que eu dê o primeiro passo para demonstrar algo, já suponho algo anterior a qualquer prova. Quem nada supõe nada pode provar — por mais estranho, e até anticientífico, que isso soe, é pura verdade.

"Não suponho nada", "provo tudo", "não aceito nada sem provas"

— estas frases, é verdade, aparentam grande erudição e espírito crítico, mas não traduzem a verdade objetiva.

É tão impossível com análises no terreno lógico ou cognoscitivo como impossível é, para o arquiteto, lançar o seu alicerce de pedra ou cimento armado sem supor fundamento preexistente ao seu, a terra. O construtor que se obstinasse em ser um "arquiteto científico" e nada quisesse supor que não fosse obra dele, esse *voraussetzungsloser* construtor não poderia construir coisa alguma; seria, no terreno material, o tipo clássico do cético absoluto, no terreno cognoscitivo.

Toda análise supõe um postulado pré-analítico, ou um "postulado". Se o arquiteto quer construir de fato, e não apenas fazer castelos no ar, tem de "postular" o solo, a terra, como fato dado, e não obra sua; só assim poderá construir algum edifício real e sólido.

O que é tão evidente, quando tratamos do plano material, nos é, geralmente, obscuro, quando passamos para o nível mental.

Para que um pensador possa iniciar a cadeia das suas análises deve ele supor algo pré-analítico; se quiser ser absolutamente *voraussetzungslos* (sem suposição), terá o dúbio privilégio de ficar eternamente suspenso no vácuo, sem certeza de coisa alguma.

Quando dizemos "supor" não entendemos isso como simples "hipótese de trabalho", que, possivelmente, possa resultar falsa. O Postulado de Descartes, e de todo pensador sério, não é uma hipótese precária, mas uma realidade primária, um fato básico, original, imediatamente evidente, tão insuperavelmente claro que não necessita de prova alguma senão a sua própria existência, e por isso mesmo não pode jamais ser demonstrado analítica e indubitavelmente. O que pode ser *provado* é apenas *provável*, mas o postulado não é *provável*, mas, sim, *certo*, *evidente*.

Bergson chama a esse postulado primário o "dado imediato da consciência", quer dizer, algo que a consciência interna atinge diretamente, sem nenhum intermediário externo. O "dado imediato da consciência" não é derivado de algo, anterior, não é veiculado por alguma outra faculdade; é meridianamente claro e evidente em si mesmo; é o alicerce original, virgem, não lançado pelo cognoscente, e sobre o qual o cognoscente ergue o seu edifício cognoscitivo.

É aqui, como dizíamos, que falham todos os sistemas empíricos: querem os empiristas lançar, eles mesmos, o primeiro fundamento do conhecimento; querem derivar o conhecimento de algo externo, imediato, indireto. Não compreendem que provar algo implica supor algo anterior a qualquer demonstração e demonstrabilidade.

Se alguém insiste em não admitir esse primeiro "dado imediato da consciência", só lhe fica a alternativa de não afirmar nem negar coisa alguma, ou então de afirmar ou negar tudo como incerto e duvidoso. O empirista lógico acaba fatalmente no abismo do ceticismo universal, suspenso no vácuo neutro de uma incerteza universal e permanente. David Hume tem o mérito de ter sido um empirista integralmente lógico, e por isso se tornou o rei dos céticos.

Nem todos os empiristas chegam à desoladora conclusão final de Hume, porque nem todos eles ousam ser integralmente lógicos, na derivação das conseqüências das suas premissas.

* * *

Tem-se dito que esse postulado original cartesiano é um dogma, um artigo de fé, que o filósofo impinge a seus adeptos.

Se por dogma ou artigo de fé se entende alguma imposição autoritária *de fora*, como acontece no plano eclesiástico, é falsa essa alegação; mas, se se entende uma imposição *de dentro*, oriunda da própria constituição do homem pensante e do ato cognoscitivo, então é exato que o postulado básico de todo conhecimento equivale a um dogma ou artigo de fé, porque deve ser aceito anteriormente a qualquer análise, por ser meridianamente evidente.

Há duas classes de coisas que não são suscetíveis de demonstração; as da meia-noite e as do meio-dia; quer dizer, as coisas absolutamente obscuras e as coisas absolutamente claras — aquelas, por deficiência total de luz ou demonstrabilidade; estas, por abundância total de luz. Demonstrar só se podem coisas penumbrais, mistas de trevas e de luz. Ora, o postulado em apreço é algo meridianamente claro e, por isso mesmo, não sujeito a prova ou demonstração. Ninguém pode provar o que já é evidente em si mesmo, que possui, digamos, cem por cento de clareza intuitiva, como esse *cogito* de Descartes: tenho pleníssima certeza, porque consciência imediata, da realidade do meu processo cogitativo, neste momento.

2. A substância extensa e a substância inextensa

Descartes não se limitou a anamonizar o ato cognoscitivo; como matemático e estudioso da física que era, também se ocupou vivamente com o mundo externo. E chegou à conclusão de que o mundo objetivo é composto de duas substâncias básicas, uma das quais é *extensa*, a outra, *inextensa*.

Não era chegado ainda o tempo em que o homem pensante percebesse claramente que, na raiz dessa aparente dualidade, extensa-inextensa, está a grande unidade, da qual essas duas "substâncias" não são senão manifestações ou modalidades perceptíveis. Descartes, educado no espírito dualista da filosofia medieval, no colégio dos jesuítas de La Flêche, não conseguiu libertar-se plenamente dessa tara dualista, que até os nossos dias perdura nas rodas do escolasticismo da Idade Média, sobretudo na filosofia tomista, baseada em conceitos aristotélicos. Só agora, na alvorada da era atômica, é que estamos chegando à conclusão definitiva de que, na base de todas as coisas extensas ou tridimensionais (matéria), está o inextenso, o não dimensional (energia); de que a chamada "matéria" não é alguma nova substância, mas apenas um modo de ser da energia, energia em baixa freqüência, ou seja, na conhecida expressão einsteiniana, "energia congelada" (*frozen energy*). Sabemos, hoje em dia, que os 92 elementos da química não são, em última análise, 92 substâncias diferentes, mas uma única realidade física, que a ciência chama "luz", expressa pela letra "c".

A palavra do Gênesis que diz que, no princípio, Deus creou a luz (não as luzes focalizadas, sol, lua, estrelas, mas a luz universal ou cósmica) encontra na física nuclear dos nossos dias a sua mais brilhante confirmação. Diz-nos a ciência nuclear que a luz é a mãe cósmica de todas as outras coisas do plano físico.

Leibniz, duvidando da dualidade cartesiana, começou a suspeitar dessa unidade essencial do cosmo, subjacente a todas as coisas visíveis. A sua "mônada" é o átomo de Demócrito traduzido em termos de dinâmica, substituindo a estática do filósofo de Abdera, ou a substância extensa de Descartes.

A verdadeira filosofia vai sempre da pluralidade através da dualidade até culminar na unidade.

Descartes, porém, considera a matéria extensa e a energia inextensa como duas realidades paralelas, justapostas, não intercambiáveis — e desta concepção nasceu a invencível dificuldade que encontrou em conciliar essas duas substâncias díspares do universo.

Compreendeu nitidamente que o movimento não pode resistir na matéria extensa, porque movimento supõe força, e força diz algo inextenso. Matéria é *quantidade*, força é *qualidade*.

Nos tempos antigos, havia Aristóteles usado a célebre ilustração tirada da roda girante, mostrando que quanto maior é o movimento extensivo rumo à periferia tanto menor é a força intensiva — e quanto mais cresce esta, rumo ao centro intensivo, tanto mais decresce aquela. No centro dinâmico do eixo, o movimento extensivo seria mínimo ou nulo, e a força, máxima ou absoluta. O máximo de energia equivale ao mínimo do movimento. Energia é intensidade qualitativa, movimento é extensão quantitativa.

Ora, sendo que, segundo Descartes, não só o mundo externo, mas também o homem, esse microcosmo, é composto de substância extensa (corpo) e de substância intensa (alma), não é possível que esta atue sobre aquele, nem vice-versa. Só um ser extenso pode atuar sobre outro ser extenso. No entanto, a experiência cotidiana mostra uma constante inter-relação e interdependência entre corpo e alma — como explicar esse fenômeno?

Em face desse mistério, uma ala dos discípulos de Descartes (Malebranche e os "ocasionais") concebeu a idéia estranha de que Deus, por ocasião (daí o nome) de um movimento, do corpo, produza na alma um movimento correspondente, e vice-versa, sem que nenhuma dependência vigorasse entre os dois.

A psicanálise e ciências afins seriam impossíveis se, de fato, não houvesse inter-relação constante entre corpo e alma, se o homem não fosse um todo orgânico e unitário, mas duas metades mecanicamente justapostas e alheias uma à outra.

Felizmente, não durou muito tempo essa concepção dualista do mundo e do homem. O homem, quanto mais pensa, mais se convence de que pluralidade e dualidade são fenômenos existenciais, aparentes, ao passo que a unidade é uma realidade essencial, verdadeira; sabe também que duração (tempo) e dimensão (espaço) não são realidades objetivas, originais, mas, sim, modalidades subjetivas, derivadas, categorias perceptivas inerentes ao nosso processo cognoscitivo sensitivo-intelectual.

Assim como o Algo fenomenal veio do Nada fenomenal — que é ao mesmo tempo o Tudo numenal —; assim como as cores várias do espectro solar nasceram do incolor — assim se originaram todos os fenômenos extensos de um substrato in-extenso. Duração e dimensão são imperfeições, efeitos — eternidade e infinito são perfeição, causa.

Rumo ao monismo absoluto

Benedito Spinoza (1632-1677)

1. A visão monista do universo

Em 1882 foi inaugurado, em Haia, onde Spinoza viveu algum tempo, um monumento em memória do grande filósofo. Para custear a obra, surgiram contribuições espontâneas de todas as partes do mundo. Nunca nenhum monumento, diz Will Durant, teve mais largo pedestal de amor do que este. De verdadeiro e sincero amor, e não apenas de entusiástica admiração. Um professor tem alunos, mas um mestre tem discípulos, e o solitário pensador de uma obscura pensão de Amsterdã, que viveu apenas quarenta e quatro anos, deixou milhares de ardentes discípulos, que se multiplicam através dos séculos, porque muitos encontram o seu próprio Eu nas páginas desse "divino herético".

Por ocasião da inauguração de referido monumento, Ernest Renan proferiu o discurso oficial, terminando do seguinte modo:

"Maldição sobre o transeunte que insultar esta suave cabeça pensativa! Será punido como todas as almas vulgares são punidas — pela sua própria vulgaridade e pela incapacidade de conhecer o que é divino. Este homem, do seu bloco de granito, apontará a todos o caminho da bem-aventurança por ele encontrado; e, por todos os tempos, o homem culto que por aqui passar dirá em seu coração: 'Eis o homem que teve a mais profunda visão de Deus!'"

Baruch (ou Benedito) Spinoza, filho de judeus portugueses que, fugindo da perseguição católica, fixaram residência em Amsterdã, onde o pequeno "Bento" nasceu e se educou, é um exemplo vivo de que uma verdadeira *filosofia* é ao mesmo tempo uma *religião* autêntica e uma *ética* eficiente. Tem-se dito que a filosofia não oferece base sólida para uma vida profundamente espiritual e dignamente humana, porque é simples teoria e especulação — e isto é exato em se tratando de qualquer sistema filosófico que não ultrapasse o estreito âmbito das especulações meramente intelectuais e analíticas, porque essa espécie de idéias que apenas passam pela cabeça, sem se encarnarem na vida do homem, não exercem influência real e duradoura sobre a vida do homem, são uma espécie de brinquedos filosóficos ou de esporte científico com que alguém enfeita a sua existência e que possivelmente lhe fornecem agradáveis horas de entretenimento intelectual; mas, em lances críticos e decisivos, não resistem ao embate dos revezes da vida real. Blaise Pascal, por exemplo, contemporâneo de Spinoza, considera a filosofia através desse prisma puramente intelectual e humano, quando diz que o "coração tem razões que a razão (inteligência) desconhece". Para Spinoza, porém, não existe essa divisão entre as "razões do coração" e as "razões da razão". Para ele, graças a sua profunda experiência da suprema Realidade, Deus é tanto a Razão (o eterno *Logos*) como o Coração (o Amor). Concordaria plenamente com a frase lapidar de Albert Schweitzer, em nossos dias, quando diz: "*Die Liebe ist die hoechste Vernunft*", o Amor é a culminância da Razão. Claro está que, na base da pirâmide, essas linhas são distintas uma da outra, podendo até correr em sentido contrário — como a linha do norte corre em sentido contrário à do sul, e a do leste corre contra a do oeste —, mas no topo da pirâmide todas essas linhas se fundem numa só, num único ponto indimensional. O homem inexperiente, que conhece as coisas apenas por ouvir-dizer ou por um processo meramente analítico-intelectual, considera a racionalidade como contrária à mística, a filosofia inimiga da religião; mas todo homem de experiência profunda é um *racionalista místico* ou um místico racional; é um *filósofo religioso* ou um homem religioso-filosófico. Deus não é apenas o infinito Amor, mas também a Razão eterna. E a mais deslumbrante encarnação de Deus, o Cristo, é a culminância da Razão e do Amor — "o *Logos* (Verbo) que se fez carne e habitou entre nós, cheio de graça e de verdade".

Sócrates, o gentio, guiado pela luz de uma filosofia espiritual profundamente vivida, enfrenta a morte com absoluta serenidade; *Mahatma Gandhi*, o líder metafísico, místico e político de centenas de milhões de hindus, vive uma longa vida de altruísmo e amor universal e perdoa seu assassino no momento de receber quatro tiros mortíferos; *Plotino*, o corifeu pagão da escola neo-platônica de Alexandria e Roma, recebe de seus discípulos e amigos — inclusive do imperador Galieno e da imperatriz Salonina — riquíssimos presentes, mas abre mão de tudo em benefício de crianças pobres e enjeitadas e continua a viver a vida do mais simples dos homens, desapegado tanto de bens materiais como de honras e glórias que lhe couberam em grande abundância; *Spinoza*, o maior dos judeus nos tempos modernos, elo entre Moisés e Einstein — o homem da ética e o homem da física —, Spinoza, excomungado, execrado, abandonado, odiado, não guarda rancor a ninguém, trata com invariável benevolência a todos, declina todas as ofertas lucrativas e continua a ganhar o seu sustento na humildade duma pensão de Amsterdã, polindo, com suas mãos hábeis, lentes para instrumentos óticos; e morre com a tranqüilidade de quem adormece placidamente.

O que é essencial é que se viva a verdade, e não apenas se estude a verdade. A verdade é uma só, seja religiosa, seja filosófica. Mas quem não vive a verdade — seja no aspecto religioso, seja no filosófico — não sente a força mágica da verdade, da verdade libertadora, como dizia Jesus. Verdade apenas estudada chama-se Verdade — verdade vivida chama-se Amor. O Amor é a culminância da Verdade ou da Razão — "*Die Liebe ist die hoechste Vernunft*". "Se permanecerdes no meu amor, permanecereis na verdade."

O grande mal da humanidade está em possuir apenas *filosofia estudada* e *religião crida*. A salvação está em *viver a filosofia* e *viver a religião*, que é a mesma coisa. Mas, em face da incessante e acelerada racionalização da humanidade, sobretudo na era atômica, é inevitável que a religião vá assumindo cada vez mais o colorido de filosofia, e menos o de dogmas eclesiásticos. Os três homens talvez mais em evidência, no século XX — Mahatma Gandhi, no Extremo Oriente, Einstein e Schweitzer — combinam admiravelmente a mais profunda mística revelada com a mais vasta ética, bem como uma verdadeira paixão filosófica aliada a uma estupenda dinâmica realizadora no terreno social e filantrópico, lá na mata virgem da África Equatorial Francesa. Em Einstein, o legislador da Idade Atômica, temos o mais belo consórcio entre a ciência física, a filosofia e a religião — basta ler os seus livros *Mein Weltbild* (*Como vejo o mundo*) e *Aus meinen späten Jahren* (*Escritos da maturidade*) para certificar-se dessa verdade. Acresce a essa gloriosa trindade físico-filosófico-religiosa um como halo de sincero e universal humanismo que faz de Einstein não apenas um admirado cientista, mas também um homem profundamente amável.

Neste último século do segundo milênio depois de Cristo agonizam cada vez mais as religiões puramente *cridas* e teologicamente *estudadas* — e começa a despertar cada vez mais a Religião *vivida* e filosoficamente *compreendida*. O homem está cansado e desiludido de estudar belas teorias e crer rígidos dogmas sobre Deus — o homem está ansioso e faminto por uma experiência pessoal de Deus, quer entrar em contato direto com Deus; o homem, pelo menos o homem-elite, deixou de ser criança e tornou-se adulto, quer ciência exata sobre Deus, quer experimentar e viver a Deus.

O mais funesto que as Igrejas e sinagogas podem fazer é não atender a esse legítimo desejo de seus filhos; é proibi-los de entrarem em contato direto com Deus; é excomungá-los ou crucificá-los ou queimá-los vivos como hereges, ateus e renegados, quando sinceramente vão em busca de Deus, mesmo por caminhos novos, não pautados e aprovados pelas sociedades religiosas oficiais. Em todos os tempos, os sacerdotes *perseguiam os profetas* — mas os profetas são os verdadeiros arautos e veículos do progresso espiritual da humanidade. Se nunca ninguém ousasse dizer senão o que foi dito, não seria possível nenhuma evolução superior da humanidade, seria a humanidade um tristíssimo museu de múmias e fósseis inertes, em vez de ser um esplêndido jardim de plantas vivas e viçosas em pleno crescimento.

No primeiro século da era cristã crucificou a sinagoga dos sacerdotes de Jerusalém o maior dos seus filhos, o profeta máximo da humanidade, porque eles tinham "uma lei e segundo a lei ele devia morrer", a lei da estagnação espiritual, do dogma rígido e intolerante.

No século XVIII, os sacerdotes da sinagoga de Amsterdã excomungaram o maior de seus filhos daquele tempo, em nome da mesma lei. Mas os excomungadores desapareceram no anonimato da história, ao passo que o excomungado continua a viver através dos séculos.

As grandes idéias podem ser excomungadas, queimadas, crucificadas, mortas e sepultadas — mas elas ressuscitam para a imortalidade. O tempo é o melhor teste da verdade duma idéia.

Qual a razão por que a sinagoga de Amsterdã excomungou a Baruch Spinoza (que, a partir daí, usa a tradução latina de Baruch, que quer dizer Bendito, Benedito ou Bento)? E qual a razão por que, apesar dessa maldição do "bendito", todos os homens espirituais capazes de pensar logicamente o admitiram e amam, já por mais de três séculos?

2. Deus e o mundo

Spinoza, disse Renan, teve de Deus a mais profunda visão que já veio ao homem. (Note-se esse "veio", indicando uma revelação do além!) O conhecimento do homem, em todos os setores, esbarra constantemente com as grades da gaiola da sua finitude humana; pouco importa que essas grades sejam de ferro ou de ouro — elas são as grades duma prisão, e ninguém pode sentir-se realmente feliz como prisioneiro, nem mesmo num palácio de ouro. Os que, nessa gaiola da sua finitude, se sentem felizes, como dizem, devem a sua "felicidade" à sua ignorância. São incapazes de sentir a sua infelicidade; ou então se habituaram a tal ponto a essa condição de prisioneiros e criaram dentro de si tamanha obtusidade austera, como os hebreus do êxodo do Egito, que suspiravam, em pleno deserto, pelas panelas de carne e cebolas da terra da escravidão. Um canário habituado à gaiola, com sua ração diária de alpiste e seu poleiro seguro, acaba por ter as asas atrofiadas e perder a saudade da sua verdadeira pátria, a vastíssima liberdade da natureza.

O mais infeliz dos infelizes é aquele que perdeu o senso da felicidade e equipara a sua pseudofelicidade à verdadeira felicidade.

Sentir a sua infelicidade é uma grande felicidade, porque é uma porta aberta para a libertação e o princípio da redenção.

Há homens inconscientemente infelizes.

Há homens conscientemente infelizes.

E há homens conscientemente felizes.

Só estes últimos é que são real e solidamente felizes, porque não se acham em vésperas de novas infelicidades, como os outros.

A felicidade só pode ter por alicerce a liberdade, e a liberdade é filha da verdade. Logicamente, só pode ser real e definitivamente feliz quem conhece a verdade, a verdade vivida e saboreada experiencialmente.

Que é a verdade?

A verdade é a essência das coisas percebidas por algum ser consciente. Verdade é, pois, a harmonia entre uma realidade objetiva e o reflexo que esse objeto projeta no sujeito consciente e pensante.

Mas, que é a essência de uma coisa? E como posso entrar em contato com essa essência?

Essência (derivado do infinitivo latino *esse*, ser) é aquilo que uma coisa *é* em sua íntima e última natureza, e não aquilo que ela *parece ser* em suas manifestações externas e perceptíveis. Que é uma pedra? Que é uma planta? Que é um animal? Que é um homem?

Todas as coisas percebidas apenas pelos sentidos corpóreos aparecem invariavelmente como existindo dentro de *tempo* e de *espaço*, tendo certa duração e certa dimensão; têm um determinado *quando* e um determinado *onde*. Mas são duas categorias de tempo e espaço, duração e dimensão, não objetos reais; não existe nenhum objeto real chamado "tempo", nem existe um objeto real chamado "espaço"; são apenas *modos de percepção sensitiva*, atributos inseparáveis do nosso ver, ouvir, sentir, etc. Tempo e espaço não pertencem à *essência* ou íntima natureza das coisas, mas tão-somente à sua *existência* no plano dos fenômenos individuais, enquanto essa coisa é objeto do meu conhecimento sensitivo. Se eu não tivesse sentidos como veículos de percepção, tempo e espaço não existiriam para mim, uma vez que são atributos do meu perceber e conhecer sensório.

Ora, o que as categorias do tempo e do espaço produzem em mim, o sujeito cognoscente, é a impressão da *pluralidade* das coisas — pluralidade duracional (tempo em sucessão) e pluralidade dimensional (espaço em extensão). Se eu não percebesse as coisas por meio dos sentidos, não haveria para mim essa dupla pluralidade; haveria unidade de tempo e unidade de espaço — isto é, não haveria sucessão triduracional (passado, presente, futuro), chamada tempo; nem haveria extensão tridimensional (largura, comprimento, profundidade), chamada espaço. Ora, a ausência da sucessão temporal chama-se *eternidade*, a ausência da extensão espacial chama-se infinito, ou *infinitude*.

Na eternidade[1] e no infinito não há pluralidade. Tudo é *um*, tudo é *simultâneo*, tudo é *presente*, ou agora, tudo é *aqui*. Na eternidade e no infinito termina qualquer categoria de *quantidade* ou intensidade (sem duração ou dimensão).

Quer dizer que, por detrás dessa pluralidade das existências individuais, está a unidade da essência. Esta é real, aquela é aparente.

---

[1] Chamamos a atenção do leitor para o fato de que a eternidade não é a soma total dos tempos, como se pensa vulgarmente; nem o infinito é a soma total dos finitos. Eternidade é a negação radical e categórica de todo e qualquer tempo; como infinito é a negação absoluta de qualquer finito. Não se chega à concepção de *eterno* e *infinito* pela adição ou multiplicação de *temporais* e *finitos*, mas, sim, pela inexorável negação destes últimos. (N. do A.)

As existências falam em pluralidade — a essência só conhece unidade.

Atingir a essência das coisas existentes é perceber a unidade através da pluralidade — e isto é conhecer a verdade.

Dizemos essência, e não essências, porque, em última análise, há uma só essência, embora revelada em existências múltiplas — assim como o único oceano se revela em ondas muitas, assim como a única luz incolor se revela em cores, assim como um só pensador se revela em numerosos pensamentos.

A essência única tem nomes sem conta nem medida entre os homens, precisamente por ser essencialmente anônima e inominável, porque não é indivíduo, e só os indivíduos podem ser denominados ou definidos. A essência é universal, absoluta, infinita — e por isso não pode ser definida, porque "definir" quer dizer pôr *fines*, limites; definir o infinito é o mesmo que finitizá-lo; o mesmo que relativizar o absoluto; o mesmo que individualizar o universal — processos esses intrinsecamente absurdos e contraditórios.

Essa essência una, única, absoluta, universal, infinita, não é, todavia, uma substância inerte e passiva, mas uma força viva e ativa; ela é a Vida, a Inteligência, a Consciência, a Razão, o Espírito em grau ilimitado. E, como tal, não pode a infinita essência deixar de ser creadora, eternamente ativa, e jamais passiva. Aristóteles a chama o "*actus purus*", a puríssima atividade. A Bíblia diz, simbolicamente, que "Deus é luz, e nele não há trevas". Luz é o símbolo da atividade (a ciência moderna proclamou a luz como a mais alta realidade do mundo físico); as trevas, sendo a ausência da luz, são o símbolo da passividade ou inércia.

Ora, sendo a infinita essência (Deus) sempre ativa e jamais passiva, derivam dela efeitos múltiplos e incessantes, através de todos os tempos e espaços. Deus nunca foi Deus sem ser Creador. Um Deus que não fosse Creador seria um Deus inerte, passivo — quer dizer, um não-Deus. Entretanto, nenhum dos efeitos creados dessa infinita causa creadora pode ser infinito, mas é necessariamente finito, porque, do contrário, o efeito creado seria igual à causa creadora — e teríamos dois Infinitos, dois Deuses — hipótese intrinsecamente absurda.

Deus é infinito em sua essência, mas finito em suas existências ou manifestações. Deus, essencialmente infinito, é existencialmente finito. Essencialmente uno, é ele existencialmente múltiplo. Um no seu ser, muitos no seu agir. Em nenhum dos seus efeitos pode Deus revelar-se total e exaustivamente, o que equivaleria a crear um novo Deus e esgotar assim todas as suas potencialidades creadoras em um único ato creador.

Esse conhecimento nítido de Deus, uno em sua essência e múltiplo em suas existências ou manifestações, é de suma importância; é a chave-mestra para compreender a filosofia de Spinoza, como, aliás, todas as grandes filosofias da humanidade — desde Sócrates, Platão, Plotino, Orígenes, até as profundas cogitações dos Vedas do Oriente, de Hermes do Egito e das poderosas correntes metafísico-religiosas da atualidade. A falta desse conhecimento nítido tem levado e continua a levar milhares de homens a deploráveis confusões e graves injustiças, como no caso da sinagoga que condenou Spinoza como sendo "panteísta" — quando nunca existiu entre homens inteligentes um só panteísta. Panteísmo seria identificar o finito com o infinito, o individual com o universal, o relativo com o absoluto, o heterônomo com o autônomo, o temporal com o eterno, o pequeno efeito com a grande causa — absurdos esses jamais cometidos por homens inteligentes e habituados a pensar logicamente. Spinoza, numa resposta serena e calma, fez ver à sinagoga de Amsterdã que ela estava completamente enganada, acoimando-o de panteísta, e fez ver que ele era tão pouco panteísta como os grandes profetas de Israel e os exímios apóstolos do cristianismo primitivo.

Conforme dissemos em outra parte, o panteísmo, além de identificar a essência de qualquer coisa com Deus (no que está certo), identifica também a existência das coisas com Deus (no que está errado). O dualismo, por seu turno, comete o erro de negar não somente a identidade da essência (no que faz bem), mas também a identidade da existência (no que faz mal). O monismo, porém, afirma a identidade de essência entre a causa divina e qualquer um dos efeitos dela, ao mesmo tempo em que nega a identidade entre a essência divina e a existência das coisas creadas.

Com outras palavras:

O panteísmo nega a transcendência e afirma apenas a imanência de Deus em todas as coisas, não fazendo distinção entre Deus e o mundo.

O dualismo, por sua vez, afirma a transcendência e nega a imanência, estabelecendo separação entre Deus e o mundo.

O monismo, porém, afirma tanto a transcendência como a imanência de Deus no mundo, proclamando distinção entre causa e efeito, mas não separação entre eles.

Deus não está fora do mundo, nem o mundo está fora de Deus — mas Deus não é o mundo, nem o mundo é Deus.

Todas as grandes filosofias e religiões são visceralmente monistas, no sentido exposto, sem excetuar o Evangelho de Jesus Cristo, embora as teologias eclesiásticas sejam, geralmente, dualistas e favoreçam explicitamente esse dualismo, a fim de evitar o perigo do panteísmo, que acarretaria a ruína de toda a ordem espiritual e moral da humanidade, porque tornaria impossível a aceitação da liberdade, responsabilidade moral, pecado, redenção, virtude e vício, no seio da humanidade, fazendo Deus responsável por todos os atos humanos, tanto bons como maus. Nada disso, porém, acontece no monismo, que garante perfeita responsabilidade individual e moral à personalidade humana, e perfeita distinção entre Deus e o mundo.

3. Personalidade, consciência e liberdade de Deus

Spinoza nega tanto a personalidade como a liberdade de Deus, doutrina essa que causou enorme celeuma no meio de judeus, católicos e protestantes ortodoxos de Amsterdã e de outras partes. A teologia corrente afirma tanto a personalidade como a liberdade de Deus.

Entretanto, convém não esquecer que o filósofo nega que o conceito de pessoa e liberdade *tradicionalmente conhecido* entre os homens possa ser aplicado a Deus, uma vez que Deus é a Realidade Universal, a Substância Cósmica, a Consciência Infinita, ao passo que, fora dele, tudo é individual e finito. Ora, os atributos de pessoa e liberdade de que tratam as teologias são derivados de seres individuais, isto é, do homem, não podendo, por isso, ser aplicados a Deus.

Deus não é pessoa assim como o homem é pessoa.

Deus não é livre assim como o homem é livre.

Porque o homem é *finitamente* pessoal, *individualmente* consciente, *relativamente* livre, ao passo que ao Infinito e Absoluto nada pode ser aplicado que seja finito, individual, relativo. O finitismo, ou antropomorfismo, que os seres finitos e humanos atribuem a Deus, não passa de uma simples ficção do sujeito cognoscente ilegalmente projetada para dentro do objeto conhecido, como se pertencesse a esse objeto.

Spinoza, amigo de termos matemáticos e geométricos, diz que, se um triângulo filosofasse sobre Deus, diria que Deus é triangular, um círculo que formasse idéia de Deus o chamaria infalivelmente circular, porque o sujeito cognoscente atribui ao objeto cognoscendo (e, pretensamente, conhecido) o que ele mesmo, o sujeito, possui de melhor; e, como a mais alta perfeição que o homem possui é a sua personalidade, caracterizada pela consciência e liberdade individuais, é lógico que atribua a Deus o que ele mesmo, o homem, possui de melhor e mais perfeito, que é a sua personalidade dotada de consciência e liberdade individuais. E assim Deus aparece necessariamente "humanizado" (antropomórfico), embora nada disso lhe caiba.

Segundo Spinoza, Deus não possui personalidade nem consciência nem liberdade no sentido em que esses atributos são tomados pelo homem.

Entretanto, é falso afirmar que, no conceito de Spinoza, Deus não possua perfeição alguma das que o homem possui. Pelo contrário, ele possui todas as perfeições do homem, mas não *do modo* e na forma que o homem as possui. Deus possui, por assim dizer, onipersonalidade, oniconsciência, oniliberdade. A polaridade entre pessoal e impessoal, entre consciência e inconsciência, entre livre e não-livre não se encontra em Deus. Por isso, também não se pode dizer que Deus seja bom ou mau, porque esses dois conceitos adversos provêm duma polaridade, de um positivo e de um negativo, de uma luz cujo contrário é a treva — quer dizer, esses conceitos derivam de um mundo de polaridade, antítese, quando na Substância Infinita e Absoluta nada há desses finitos e relativos.

Se um ser irracional fosse designado por uma assembléia de irracionais para verificar se o homem é um ser racional, esse delegado, depois de prolongadas observações, voltaria com a notícia de que o homem não é racional. Por que não? Porque todos os atos dele, observados pelo irracional, só revelam irracionalidade. Digamos que uma raposa, tida por muito inteligente, fosse de noite espiar pela janela duma biblioteca para ver o que os homens fazem naquele edifício iluminado, horas e horas a fio. Verificaria, lá do seu observatório incógnito, que todos os homens que entram na biblioteca tiram das prateleiras determinados blocos do maço de papel branco com pequenos sinais pretos, sentam-se diante desses blocos, olhando para eles horas inteiras; depois os repõem no mesmo lugar e vão para casa. Será que isso revela inteligência ou racionalidade? Se o homem pelo menos comesse aquele volume, poderia ser considerado como animal racional, mas a raposa, delegada do mundo animal, nunca viu que um homem comesse o bloco de papel branco com caracteres pretos.

Conclusão: o homem não é um ser racional.

Por que é que o irracional tira essa conclusão objetivamente errada?

Porque o irracional só pode julgar o racional segundo a irracionalidade de sujeito cognoscente, e não segundo a racionalidade do *objeto cognoscendo*. Ou, segundo a conhecida frase filosófica: "*Cognitum est in cognoscente secundum modum cognoscentis*". Ou ainda em outra forma antiga: "*Quidquid recipitur, per modum recipientis recipitur*" — tudo que é recebido, é recebido segundo o modo do recipiente.

Portanto, se um ser individualmente personal, consciente e livre, tenta conhecer a Deus, universalmente personal, consciente e livre, só o conhece como individualmente personal, consciente e livre. E, no caso em que alguém se atreva a negar que Deus possua essa espécie de personalidade, consciência e liberdade, é logo acusado de negar as perfeições expressas por essas palavras, quando de fato esse homem, despojando essas palavras do que elas têm de imperfeito, afirma de Deus algo muito mais perfeito do que o outro. Assim como a raposa, não vendo no homem a espécie de inteligência sensitiva, que ela e os outros animais possuem, e incapaz de conceber uma inteligência não-sensitiva, ou até racional, nega ao homem essa perfeição, que ele possui em grau muito superior do que o animal.

O único meio para não errar é abandonar o ponto de vista inferior, de consciência meramente individual, e ascender a um plano superior de experiências, isto é, ao plano da intuição racional, cósmica, universal — mas isso supõe uma evolução interior, que todos podem adquirir, mas que poucos possuem atualmente.

Procuremos concretizar esta verdade por meio duma comparação tirada do mundo da física. O nosso órgão visual percebe cores entre dois limites extremos, o vermelho e o violeta; o que fica além do vermelho, o chamado infravermelho, não existe para os nossos olhos; da mesma forma o que ultrapassa o violeta, o chamado ultravioleta. O infravermelho é para nós escuridão por deficiência de vibração, enquanto o ultravioleta se nos apresenta como treva pelo excesso de vibrações. Quer dizer que a realidade da luz existe para nós entre as trevas, a de baixo e a de cima, treva por deficiência de luz, e treva por excesso de luz.

Da mesma forma, para o nosso ouvido: vibrações aéreas com menos de 20 movimentos por segundo ou com mais de 20.000 por segundo não afetam o nosso órgão auditivo, são para nós "silêncio" — silêncio por deficiência ou silêncio por excesso de vibrações sonoras. Todo e qualquer ruído por nós percebido oscila entre duas zonas de silêncio, o silêncio de baixo e o silêncio de cima.

O que, no terreno físico, chamamos *treva* ou *silêncio*, por *deficiência* de vibrações luminosas ou sonoras, corresponde, no plano em apreço, à idéia do impessoal, do inconsciente, do não-livre; as vibrações do plano imediatamente superior, da luz e do som perceptíveis, correspondem à nossa personalidade, consciência e liberdade humanas; ao passo que as vibrações acima do nosso plano perceptível (do mundo ultravioleta ou ultraluminoso, e da zona supersônica) correspondem a um grau de personalidade de consciência e liberdade tão elevado que, por excesso, nos parecem o contrário — assim como uma luz excessivamente intensa nos afeta como não-luz ou treva, e como um som demasiadamente intenso é para nós não-som ou silêncio. Entretanto, como para nós — seres pessoais, conscientes e livres — é mais fácil conceber o que está abaixo do que aquilo que se acha acima do nosso nível humano, instintivamente confundimos a treva e o silêncio de cima com a treva e o silêncio de baixo — isto é, Deus, quando chamado não-pessoal, não-consciente, não-livre, nos parece infrapessoal, infraconsciente, infralivre, porque possui perfeições em grau infinito. Ora, o infinito do TUDO sempre se afigura ao ALGO como o infinito do NADA; a plenitude do SER aparece ao SEMI-SER como sendo a vacuidade do SER.

Um gerador elétrico, antes de entrar em movimento, não acusa eletricidade nem positiva nem negativa. Depois de entrar em movimento acusa esses dois pólos. Criou a polaridade, mas não a eletricidade. Depois da reunião dos dois pólos, a eletricidade continua a existir, embora não polarizada, e, por isso, invariável para nós. A eletricidade não-polarizada (neutra) existe tanto antes como depois da polarização; existe em outra forma. Ora, no mundo do finito e do relativo, tudo é como que polarizado; do contrário, não existiria como finito e relativo, como fenômeno individual do universo concreto. Mas nenhum ser infinito veio do nada, nem jamais voltará ao nada. Nova é apenas a sua forma *existencial*; cada indivíduo tem um determinado grau de consciência parcial — mas a consciência universal é da essência, anterior a qualquer existência.

Assim, Deus não é *existencialmente consciente*, porque essa forma de consciência é imperfeita, própria dos fenômenos no plano do *existir*, mas inteiramente alheia ao Númeno no mundo do *Ser*. Exigir que Deus seja consciente (pessoal ou livre) nesse plano do *existir*, quando Ele é o *Ser* (a Substância Universal e Única, no dizer de Spinoza), é fazer do Creador uma creatura, da Causa um efeito, do Infinito um finito, do Universal um indivíduo, do Absoluto um relativo, do Todo uma parte, etc.

Para quem compreende o verdadeiro sentido da palavra "Substância", ou "*Natura Naturans*", de Spinoza, é evidente que Deus não pode ser dotado de personalidade, consciência e liberdade no sentido tradicional que esses termos têm. Isso seria finitizar o Infinito, relativizar o Absoluto, temporalizar o Eterno — isto é, negar a própria realidade de Deus. Logicamente, quem atribui a Deus a personalidade, a consciência e a liberdade dos homens é ateu: sacrifica o Deus verdadeiro, a fim de salvar um pseudodeus. Por mais paradoxal que pareça, a verdade é que, na pessoa de Spinoza, o pleniteísta foi condenado pelos ateístas, embora os teístas pretendessem condenar o ateu.

4. O homem em face da ética

Na tarde de um domingo tranqüilo, sentiu Spinoza aproximar-se o fim da sua vida de 44 anos. Pediu ao empregado da pensão onde vivia que lhe chamasse o médico, ao qual entregou a chave duma gaveta da escrivaninha, e adormeceu calmamente para as coisas do mundo visível. O médico testamenteiro, depois da morte de Spinoza, tirou da gaveta um manuscrito exarado em latim, como era de praxe nesse tempo, com o título: *Ethica, geometrico modo demonstrata* (*Ética demonstrada à maneira dos geômetras*).

É esse o maior livro do grande pensador. Aliás, o que mais interessava a Spinoza foi sempre esse mundo das relações humanas, para com Deus e para com os seus semelhantes. A metafísica, porém, era necessária como base para a ética, porque esta sem aquela é como edifício sem alicerce.

* * *

O maior problema da ética humana, e o centro da filosofia de Spinoza, é o da liberdade ou do livre-arbítrio. Existe a liberdade? E, se não existe, como defender a existência da responsabilidade moral?

Ora, o filósofo nega a existência da liberdade humana, no sentido habitual — e, no entanto, defende a responsabilidade moral, como dão prova não só os livros, mas, e sobretudo, a própria vida de Spinoza, certamente, dentre os grandes pensadores da humanidade, um dos caracteres mais puros e inatacáveis que conhecemos.

Antes de tudo, Spinoza não endossa o fatalismo metafísico, chamado *predestinação*, de Santo Agostinho, segundo o qual a liberdade humana é simples ilusão, porque, no entender do grande africano, incompatível com a onipotência e onisciência divina.

Por outro lado, Spinoza não aceita o indeterminismo geralmente defendido pelos teólogos cristãos do Ocidente. Nem determinismo agostiniano — nem indeterminismo pelagiano! Que é que ele defende, então?

Uma espécie de *autodeterminação*, eqüidistante de um *indeterminismo* sem causa como de um *determinismo* estritamente causal.

À primeira vista, parece não poder haver um terceiro entre indeterminismo e determinismo. De duas, uma: 1) ou o homem é livre e, neste caso, pode praticar atos sem nenhuma causa predeterminante — o que é contra a lei férrea da causalidade universal, 2) ou então o homem não é livre, e, neste caso, fica de pé a grande lei da causalidade universal, mas perece o fato da responsabilidade ética — o homem não é responsável pelo fato de ser bom ou mau, virtuoso ou vicioso, santo ou celerado, porque, em última análise, foi compelido a ser o que é, se a liberdade é simples ilusão. Entretanto, Spinoza admite tanto a lei da causalidade universal como o fato da responsabilidade ética.

É erro pensar que a ausência da liberdade, no sentido tradicional, destrua a responsabilidade da vida ética. Pode-se estabelecer o seguinte princípio, para ilustrar essa verdade: quanto mais livre é um ser, mais é ele responsável pelos seus atos — e, quanto menos livre, menos responsável é. Digamos que um ser é 0% livre; neste caso, é claro, a sua responsabilidade é igual a zero, isto é, nula. Um ser que age com 100% de liberdade é totalmente responsável por seus atos. Um agente com 50% de liberdade é 50% responsável pelo que faz.

Spinoza nega que o homem seja inteiramente livre em algum dos seus atos, porque a liberdade é idêntica à consciência, e, como nenhum homem é pleniconsciente, nenhum homem pode ser plenilivre. Só o Infinito é pleniconsciente e, portanto, plenamente livre. Afirma, todavia, que o homem é parcialmente livre, porque parcialmente consciente. Em Deus, a "substância infinita", não há vestígio da causalidade, no sentido passivo ("ser causado"); qualquer outro ser, porém, está sujeito à causalidade passiva, isto é, não livre. Sendo que a essência do homem é divina, em sua essência é o homem livre; mas, como a existência do homem, a sua individualidade fenomenal, não é idêntica a Deus, porém muito inferior, é lógico que, como *indivíduo existencial*, o homem não é livre, embora o seja como idêntico à *substância essencial*. No homem, a *Natura Naturans* (Deus) é livre — ao passo que a *natura naturata* (mundo) que nele existe não é livre. O elemento divino no homem é determinante, mas não determinado — ao passo que o elemento mundano no homem é determinado e não determinante. A causa determina — o efeito é determinado.

De maneira que o homem, livre por sua essência divina, não é livre por sua existência humana — quer dizer que há nele um misto de ativo e passivo, de positivo e negativo, de livre e não-livre —; ou seja: uma liberdade limitada, e, por conseguinte, uma responsabilidade limitada, parcial, imperfeita.

Dessa responsabilidade limitada segue-se que o homem não pode nem identificar-se totalmente com Deus, nem separar-se inteiramente de Deus.

A última razão por que os indeterministas — os teólogos cristãos em geral — admitem que um ser consciente (seja homem, seja anjo) possa afastar-se eternamente de Deus (condenação eterna) está nesse indeterminismo absoluto que eles defendem erradamente, isto é, a completa liberdade desses seres. A possibilidade de um ateísmo ou antiteísmo eterno é a conclusão lógica de uma liberdade completa, equivalente a uma emancipação completa e irrevogável da creatura relativamente a seu creador. Se essa liberdade completa existisse, não seria ilógico o eterno ateísmo ou antiteísmo de uma creatura.

Se, por outro lado, é limitado o grau de liberdade de qualquer creatura, segue-se que ela não pode jamais emancipar-se totalmente de sua causa divina; que ficará eternamente ao alcance e dentro da esfera da jurisdição do Creador. A creatura consciente e livre, por mais que se revolte, subjetivamente, contra Deus, e por mais responsável que seja por todos os seus atos, nunca e em caso algum chega a ser totalmente livre, na ordem objetiva do universo. Se houvesse liberdade total da parte de alguma creatura, evidentemente o Creador teria perdido a sua jurisdição sobre essa parcela do seu universo, e a soberania divina deixaria de ser absoluta e integral.

Por isso, é rigorosamente lógico afirmar a responsabilidade moral do homem, embora não se admita, como os indeterministas radicais, que o homem seja absolutamente livre. A responsabilidade ética não exige essa liberdade absoluta. Pelo contrário, como passaremos a ver, a liberdade absoluta é incompatível com a ordem ética. Só onde existe liberdade parcial é que pode haver ordem ética. Deus não é um ser ético, porque é absolutamente livre.

Ética não existe nem no mundo da completa *ausência* nem no da completa *presença* da liberdade — nem no mundo tenebroso da inconsciência total nem no mundo meridiano da oniconsciência total.

Ética só pode existir num mundo onde é incompleta tanto a ausência como a presença da liberdade — no mundo crepuscular da semiconsciência.

5. A libertação do homem pela ética racional

Pela ignorância, os sentidos nos mantêm na inconsciência da nossa escravidão.

Pela ciência, o intelecto nos torna conscientes da nossa escravidão.

Pela sapiência, a razão nos liberta da escravidão.

A verdade sobre Deus, a verdade sobre o mundo, a verdade sobre nós mesmos — eis a grande libertadora!

"Conhecereis a verdade — e a verdade vos libertará"...

A verdade, porém, só pode ser conhecida pela razão intuitiva, espiritual, pelo divino *Logos* que ilumina a todo homem que vem a este mundo. Por isso, é a razão que, pelo conhecimento da verdade, nos traz a grande liberdade — a "gloriosa liberdade dos filhos de Deus"...

Quando o homem chega a essa altura suprema, desertam dele as derradeiras penumbras de dúvida sobre os problemas da vida. Ele sabe o que é, sabe o que quer, sabe aonde vai... Entrou no reino de Deus... Vive a sua vasta e profunda imortalidade...

E então vem sobre ele essa grande paz, essa imensa serenidade, essa inefável, dinâmica e dulcíssima beatitude que ultrapassa toda a compreensão... Sabe que tem os pés solidamente firmados na rocha do Eterno, do Absoluto, do Infinito...

E, ainda que a humanidade em peso impugnasse a sua filosofia como ilusória e absurda, esse homem saberia que ela é verdadeira, porque o seu critério de verdade e veracidade ultrapassa todas as barreiras erguidas pelo intelecto, cuja força é fraqueza, cujas luzes são trevas, em face da potência cósmica da razão intuitiva, do divino *Logos* dentro do homem.

Foi o que aconteceu a Spinoza, um dos homens que mais integral e intensamente viveu a sua própria filosofia, e nela se sentiu profundamente tranqüilo e feliz.

* * *

Entretanto, é indispensável que não confundamos essa profunda e vasta ética racional com a superficial e estreita ética volitiva do homem comum. No terreno da ética, é Spinoza cem por cento socrático-platônico. Como os grandes pensadores da Hélade, compreendeu ele que a ética, na sua perfeição máxima, não consiste em algum ato volitivo, mas, sim, numa compreensão racional.

A ética volitiva, baseada meramente em atos explícitos da vontade — embora seja preferível a seu contrário —, é um estado precário e imperfeito do consciente; nunca deixará de ser algo difícil (cruciante, sacrificial); não oferece garantia de perpetuidade, como acontece com todos os atos difíceis, cuja função é intermitente e precária, e não contínua e sólida, como acontece com os atos fáceis e deleitosos. Para o principiante, certamente, a ética volitiva é necessária, porque ninguém pode dar o segundo passo sem dar o primeiro, nem o último sem o penúltimo; o principiante deve, antes de tudo, *querer ser* bom, antes de *ser* realmente bom. A ética volitiva baseia-se numa espécie de *fé*, que, quando madura, culmina na *sapiência* — e é essa sapiência racional que caracteriza a ética perfeita.

Pode o homem ser *subjetivamente* bom, como é todo homem da ética volitiva — mas essa bondade subjetiva não é idêntica à *perfeição objetiva* do homem integrado na ética racional.

A perfeição objetiva do homem consiste em que ele compreenda a última razão por que deve ser bom. Essa razão não está no plano horizontal do querer consciente, nem no terreno social, na necessidade que o homem civilizado tem de conviver com seus semelhantes, convivência essa impossível sem a justiça, a bondade, o amor. O homem perfeito é ético também na solidão, sem nenhum contato com a sociedade, como se vivesse sozinho aqui na terra. A ética não nasceu da convivência social, mas, sim, da inteligência, da vontade e da razão.

Por que, pois, deve o homem ser bom? Ou melhor, por que ele é bom, por que essa noção de "dever" é antes da ética volitiva do que racional? O homem perfeito é ético porque o seu "agir" harmoniza com o seu "ser". Revela no plano horizontal da ética o que ele é na linha vertical da metafísica. Age de conformidade com a sua natureza. Ele é integralmente fiel a si mesmo. Vive o que é. Compreendendo a sua identidade essencial com o Infinito (Deus), faz a sua atividade existencial coincidir plenamente com essa sua realidade essencial. Aboliu todas as velhas discrepâncias entre o seu *ser* e o seu viver; despojou-se do "homem velho", que vive contrariamente ao que é, e revestiu-se do "homem novo", que no plano do seu viver cotidiano guarda inviolável fidelidade à eterna realidade do seu ser. Pode-se dizer que o homem racionalmente ético é um homem cem por cento veraz e verídico; ultrapassou todas as mentiras e falsidades entre o seu divino ser e o seu humano *viver*; ele vive na existência humana a sua essência divina. Já não é "ele" (o seu pequeno Eu humano) que vive — é o "Cristo" (o seu grande Tu divino) que vive nele; ou melhor: ele, morto para o seu pseudo-eu humano, é vivido pelo segundo genuíno Tu divino.

Ora, para que o pequeno "Eu humano" possa ser fiel ao grande "Tu divino", sua verdadeira essência, é, antes de tudo, necessário que ele conheça essa sua essência eterna e não a confunda com sua existência temporal. Na ordem metafísica e absoluta é o homem idêntico a Deus, sua essência universal, enquanto na sua existência individual é ele apenas uma das manifestações da divindade, a mais perfeita aqui na terra.

O fim do homem é revelar em sua existência individual — aqui ou alhures — aquele aspecto peculiar e único da divindade que só ele pode revelar plenamente. Pois, como todos os seres da natureza, e sobretudo todos os seres humanos, são originais, únicos e inéditos na sua existência — seres que nunca existiram nem jamais existirão iguais; indivíduos que não são cópias de outros anteriores, e dos quais não serão feitas cópias posteriores —, segue-se que cada indivíduo e cada personalidade tem a missão peculiar de concretizar um determinado aspecto da divindade.

Essa missão peculiar, porém, seria inexeqüível se o indivíduo "A" procurasse destruir o indivíduo "B", se quisesse obrigá-lo a ser uma cópia do primeiro, ou se este pretendesse ser um plágio do segundo. Sendo que a potência do Cosmo ou da Divindade é ilimitada, no tempo e no espaço, não há cópias nem repetições na natureza, senão somente obras originais e inéditas. Compete a cada indivíduo: 1) atingir a perfeição máxima no seu setor, 2) integrar-se plenamente no Todo cósmico, sem diminuição da sua individualidade específica. A falta de individualização resultaria em *monotonia*, como a individualização sem integração acabaria em *caos*, ao passo que a individualização aliada à integração produz *harmonia*. O Cosmo é essencialmente um Universo, quer dizer, *uno* e *diverso*, um composto de *unidade* e *diversidade*. Sendo que o homem é um *microcosmo*, maravilhosa síntese do *macrocosmo* ao redor dele, deve ele ser um perfeito universo, isto é, uma perfeita harmonia entre a *unidade* e a *diversidade*, reflexo da divindade, una em sua essência e múltipla em suas manifestações.

De maneira que o homem que atingiu as luminosas alturas da ética racional ou cósmica é uma personalidade individual perfeitamente integrada no Todo universal — individualizada pela inteligência, integrada pela razão.

A inteligência individualizante, quando dissociada da razão integrante, faz do homem um insigne egoísta, ou Satã.

A razão integrante, incluindo a inteligência, faz do homem um perfeito altruísta, ou Cristo.

Quem compreende esta verdade fundamental, não apenas com o intelecto unilateral, mas com a razão onilateral, ama a Deus de todo o seu coração, de toda a sua alma, de toda a sua mente e com todas as suas forças — e ama o seu próximo como a si mesmo, uma vez que sabe e compreende racionalmente que cada homem tem, como ele, a sua missão peculiar de manifestar um determinado aspecto da mesma divindade de que ele mesmo é outro aspecto revelador. Considera-se ele como uma das cores do prisma multicor gerado pela luz incolor; não comete a ignorância e loucura de querer extinguir o azul, o vermelho ou o verde ao lado dele; nem tampouco procura identificar-se com uma das cores irmãs, nem pretende que alguma delas se identifique com a cor individual dele: esse homem é "tolerante", não no sentido tradicional e hipócrita de que, possuidor exclusivo da "verdade", tolere a seu lado os "erros" dos outros, mas é "tolerante" no sentido de compreender racionalmente que todas as outras cores do prisma têm o mesmo direito de ser o que *são* que ele tem para ser o que é. Ele sabe que a *paternidade universal* de Deus gera a fraternidade universal dos homens. Para ele, a vida ética nascida dessa verdade não é uma "virtude" no sentido comum do termo, mas é antes uma "sabedoria", uma atitude inteiramente natural e espontânea, oriunda diretamente da compreensão racional e intuitiva da realidade. Na verdade, o ético racional é um *realista* integral e não apenas um *idealista*, como muitas vezes é apelidado. A sua vida decorre dentro da vasta e intensa luz meridiana da verdade integral sobre si mesmo, sobre Deus, sobre seus semelhantes, sobre o universo inteiro. Ele é um vidente da verdade total, e por isso vive numa imperturbável paz e serenidade, num clima de felicidade profunda e anônima, que só o contato íntimo com a verdade pode outorgar.

Com essa compreensão profunda, vasta e definitiva da sua relação com Deus, com os homens e com o mundo, a ética *antiga* desse homem, que era difícil e cruciante, se transforma numa ética *nova*, espontânea e querida. O imperativo categórico do *dever* transformou-se num jubiloso optativo de *querer*; esse homem atingiu a etapa última da evolução humana: *ama* a lei, *quer* o que deve, cumpre por motivo de *compreensão interna* aquilo que outros apenas cumprem por motivo de *compulsão externa* (se é que o cumprem). Esse homem, como dizíamos, não é propriamente "virtuoso" — ele é um "sábio", e por isso mesmo um "santo".

Compreender o universo, diz Spinoza, é estar libertado dele. Compreender tudo é estar livre de tudo. Somos escravos de tudo que ignoramos — somos livres de tudo que sabemos. O ignorar mantém-nos numa posição de inferior a superior — o saber dá-nos atitude de superioridade, porque o *compreendido* é necessariamente inferior ao *compreensor*. Se pudéssemos compreender a Deus, seríamos até emancipados de Deus — hipótese intrinsecamente absurda. O *contenedor* é maior do que o *contido* ou conteúdo. O recipiente excede a capacidade do recebido. O compreensor derrotou o compreendido.

"Conhecereis a verdade — e a verdade vos libertará"...

Enquanto o sujeito ignora algum objeto, esse objeto é senhor dele, o sujeito é servo do objeto, mas, no momento em que o objeto, de ignorado, passa a ser conhecido, é ele derrotado pelo conhecedor. Por isso, todo saber, conhecer ou compreender confere libertação e liberdade — a "gloriosa liberdade dos filhos de Deus".

A ética racional é a proclamação da suprema e definitiva liberdade do homem.

Compreender o universo é ser libertado de qualquer espécie de *temor* e de *ódio*, filhos da ignorância. O compreendedor cósmico, que é o homem da ética racional, entra num mundo de perfeita paz e tranqüilidade e nele vive para sempre, contemplando todas as coisas da excelência da sua compreensão, não com sobranceria, secreto desprezo e orgulho — indícios de ignorância escravizante —, mas com a suave benevolência de amigo e aliado que, à luz da sua grande sabedoria, vê em todas as coisas do universo seus irmãos e suas irmãs empenhados em revelar, cada um a seu modo, a infinita Divindade, o Pai do céus...

À luz da ética racional não crescem essas plantas daninhas chamadas temor e ódio, porque não encontram clima propício. Em lugar delas vicejam a confiança e o amor.

6. Vida após-morte

É praxe e tradição secular apelidar Spinoza de "panteísta" e até "pai do panteísmo moderno", quando semelhante afirmação é visceralmente errônea, como o próprio filósofo fez ver à sinagoga que o condenara sob essa falsa alegação. De resto, nunca existiu, entre os homens pensantes, um só panteísta, porque panteísmo equivaleria a ilogismo, ao absurdo de identificar o finito com o Infinito, o relativo com o Absoluto, o individual com o Universal, o temporal com o Eterno, o efeito com a Causa, o fenômeno transitório com o Número permanente — atitude incompatível com a mentalidade de um verdadeiro pensador. De fato, não encontramos em toda a história do pensamento humano um único panteísta verdadeiro, embora os compêndios de filosofia continuem a reproduzir essa falsa afirmação; é que um autor copia de outro, e cada novo compilador plagia do seu predecessor essa mentira histórica, assumindo tacitamente que as grossas e sólidas estratificações de opiniões tradicionais não deixam de representar a verdade. O que há e tem havido sempre são "panenteístas" (tudo-em-Deus, ou Deus-em-tudo), mas nunca houve um "panteísta" (tudo-é-Deus, Deus-é-tudo). Panteísmo é idêntico a politeísmo, e politeísmo equivale a ateísmo; pois, se há tantos deuses quantos os fenômenos individuais da natureza, é claro que nenhum desses deuses é Deus, porque todos são finitos; por onde se vê que, logicamente, panteísmo equivale a ateísmo. O panenteísmo, porém (geralmente chamado monista), afirma que a *essência* divina está em todas as *existências* da natureza (humana, supra-humana e infra-humana), e que todas essas existências individuais radicam na essência universal; afirma que Deus é infinitamente *transcendente* a cada creatura, uma vez que a Causa Absoluta ultrapassa todos os efeitos relativos (tanto disjuntiva como conjuntivamente), não podendo, por isso, ser identificada com nenhum desses efeitos nem com a soma total deles; mas o panenteísta, ou monista, além de afirmar a *transcendência absoluta* de Deus, afirma também a *imanência íntima* dessa Causa divina em cada um dos seus efeitos, porque seria intrinsecamente absurdo e impossível separar a causa do efeito. Há *distinção* entre a Causa e o efeito (transcendência), mas não há *separação* (falta de imanência) entre eles. Deus não é idêntico a nenhum dos seus efeitos, porque é distinto de todos eles — mas está em todos os seus efeitos, porque nenhum dos efeitos está fora da Causa.

Seria difícil imaginar coisa mais lógica e intrinsecamente absurda do que essa idéia, esposada por todos os dualistas, de que o efeito — por exemplo, o nosso mundo — exista "fora de Deus". Que é que essas pessoas entendem por esse "fora"? Evidentemente, para além, lá onde terminam as fronteiras de Deus, gravita o nosso mundo, numa espécie de vácuo, de espaço vazio, fora do âmbito da Divindade. Ora, para professar semelhante idéia é necessário primeiro abolir a lógica. Sendo que Deus é infinito, onipresente, é claro que não pode haver esse tal "fora de Deus", uma vez que "fora" do Infinito, do Todo, nada existe; esse espaço para além das últimas fronteiras do Infinito é puríssima ficção da imaginação humana. Pode haver um "fora", um "além" toda vez que se trata de espaços finitos, limitados, circunscritos de certas fronteiras, por mais vastas que estas sejam; mas, desde que se trate do Infinito, do Ilimitado, do Todo, do Universal, cessa toda idéia do "fora" ou do "além".

De maneira que o mundo não está fora de Deus, mas dentro de Deus — é o que chamamos a "imanência" de Deus no mundo e do homem em Deus.

O panteísmo afirma a imanência, mas nega a transcendência de Deus.

O dualismo nega a imanência e afirma a transcendência de Deus.

O panenteísmo (monismo) afirma tanto a imanência como a transcendência de Deus — única atitude defensável à luz da lógica e da mais rigorosa racionalidade.

A filosofia de Spinoza, como, aliás, a de todos os grandes pensadores, é essencialmente panenteísta ou monista, mas não panteísta nem dualista.

A evolução filosófico-espiritual da humanidade vai infalivelmente rumo ao monismo panenteístico, do qual o cristianismo, em sua forma evangélica, primitiva, é a mais perfeita antecipação histórica, embora as teologias chamadas "cristãs" do Ocidente sejam visceralmente dualistas, como as filosofias populares do Oriente são, em geral, eivadas de panteísmo.

A grande batalha dos espíritos, dos séculos e milênios futuros, será travada nesse campo central do monismo, eqüidistante dos dois extremos do panteísmo e do dualismo.

Spinoza é, neste sentido, um dos mais lídimos precursores da humanidade pensante do futuro.

* * *

Qual é a idéia de Spinoza tangente à existência do homem após a morte física? Defende ele a imortalidade? E, no caso afirmativo, que espécie de imortalidade? Individual? Universal? Consciente? Inconsciente? A continuidade do Eu pessoal, ou sua diluição no vasto oceano cósmico da divindade?

O homem que se preocupa com a vida após-morte é tido, geralmente, por um homem religioso. "Salva tua alma" é a legenda que figura nos braços de muitos cruzeiros que se erguem ao lado das igrejas cristãs e que sintetizam o interesse máximo que, segundo essas igrejas, o homem deve ter na vida presente. Salvar a sua alma é para a teologia corrente o alfa e o ômega da vida de todo homem espiritual.

No entanto, Spinoza — apesar de ter sido, segundo Renan, o "homem que teve a mais profunda visão de Deus", e, segundo o poeta católico Novalis, um "homem ébrio de Deus" —, Spinoza acha que o homem genuinamente religioso não deve preocupar-se com o problema da salvação de sua alma. A uma senhora católica de Amsterdã, que sofria de ansiedades de consciência sobre sua eterna salvação e pediu conselho ao sereno filósofo judeu, este lhe respondeu: 1) que ficasse na religião em que estava; 2) que não se preocupasse com a sorte de sua alma depois da morte do corpo, mas que pusesse todo o seu empenho em sintonizar, na vida presente, a sua vontade humana com a vontade de Deus, porque o resto viria por si mesmo e não podia deixar de ser bom.

Nessas últimas palavras do sensato conselho vem expressa toda a filosofia ética e psicológica do grande pensador: o homem espiritual, isto é, o verdadeiro filósofo, não perde tempo em especular sobre a sorte feliz ou infeliz da sua alma após a morte, nem discute a existência ou não-existência dessa vida futura, porque, graças à sua profunda sabedoria, tem inteira confiança na sabedoria, justiça e bondade das leis eternas do cosmo, ou, seja, da Providência Divina; sabe que a Consciência Cósmica, a Alma do Universo, Deus, não comete injustiças, crueldades, desatinos, incongruências, contra nenhum de seus filhos, muito menos contra o maior deles aqui na terra. A única preocupação do homem sensato e santo deve consistir em sintonizar o seu *querer individual* com o *querer universal* e viver em permanente e jubilosa harmonia com o Infinito. O maior dos filósofos da humanidade, o profeta de Nazaré (é este o pensamento implícito de Spinoza), comparou essa sintonia da vontade humana com a vontade divina com um banquete ou um manjar delicioso, quando disse: "O meu manjar é cumprir a vontade daquele que me enviou".

Quando a vontade individual não somente deixou de ser *excêntrica* e se tornou a vontade universal, mas também encontra nessa concentricidade a grande verdade e felicidade da sua vida, então desiste o homem de especular sobre a sorte futura de sua alma, porque essa mesma concentricidade lhe é beatitude celeste e a suprema garantia de sorte feliz em quaisquer circunstâncias futuras. Esse homem, claro está, não espera nenhum céu nem receia nenhum inferno adicional a essa sua atitude; ele está no céu e vive a vida eterna nesse mesmo instante e para sempre.

A princípio, o homem procura cumprir a sua vontade individual, independentemente da vontade universal, porque esta vontade cósmica não existe para ele como uma realidade objetiva; só existe o seu querer individual; bom lhe é tudo o que é individualmente agradável.

Depois, num estágio superior de evolução, procura o homem ser moralmente bom, bitolando o seu humano querer por um querer divino que descobriu para além de si; mas experimenta enorme dificuldade e árduo sacrifício nessa "renúncia" à vontade própria substituída agora pela norma sobrenatural da vontade de Deus. Cria então a filosofia de que "fazer a vontade própria é pecado — e fazer a vontade de Deus é virtude"; ou ainda: "Fazer o mal é fácil — fazer o bem é difícil".

Mas, quando o homem atinge o zênite da sua evolução ética, descobre que essa tal "renúncia" à vontade humana deixa de ser uma renúncia e um sacrifício, no sentido tradicional do termo; converteu-se numa perfeita integração do querer individual no querer universal. Descobre que a vontade humana não foi eliminada, morta, extirpada, mas foi antes sublimada, incorporada, sintonizada, feita parte integrante da vontade divina, concêntrica com a mesma, vibrando, por assim dizer, na mesma freqüência e haurindo inefável beatitude dessa freqüência volitiva, humano-divina, perfeitamente sintonizada e sincronizada. Cessou o difícil e começou o fácil; ao imperativo categórico do *dever* seguiu-se o optativo espontâneo do *querer*. Só enquanto reina discrepância entre o *pequeno querer* do Eu humano e O GRANDE QUERER do Tu divino é que há sensação de sacrifício e cruz, mas, uma vez estabelecida a harmonia das freqüências discrepantes, cessa toda a dificuldade e dissonância e começa a grande sintonia da concentricidade das vontades. Já não é, no dizer de Paulo, o pequeno querer individual (o Eu) que vive, mas é o grande querer universal (o Cristo) que vive no homem. Deu-se uma expansão ou dilatação da consciência do *Eu* estreito e unilateral para a consciência do *Nós* ampla e onilateral. Morreu o "grão de trigo" — e nasceu a planta que nele dormitava em estado potencial, iniciando a sua carreira para produzir "fruto abundante".

Muitos autores — entre eles o médico canadense Dr. Richard Maurice Bucke, no seu esplêndido livro *Consciência cósmica* — enumeraram Spinoza entre os grandes místicos da humanidade, e com razão, porque a suprema racionalidade é idêntica à mais alta instituição mística.

Naturalmente, para que o homem possa realizar essa perfeita integração da sua consciência individual na consciência universal, e assim *querer* o *dever*, é necessário que ele compreenda de fato a sua verdadeira natureza, o seu Eu humano como sendo uma manifestação parcial do grande Tu Divino. E, como o agir segue o ser (*agere sequitur esse*), o homem que se tornou sábio pela visão da realidade objetiva não pode deixar de ser santo pela harmonia da sua vida subjetiva com essa grande norma objetiva.

Preocupar-se com a sua salvação individual é, para Spinoza, prova de falta de confiança na retidão ou justiça do Universo; ele afina inteiramente pelo pensamento do carpinteiro-filósofo-profeta de Nazaré: "Procurai primeiro o reino de Deus e sua justiça — e todas as outras coisas vos serão dadas de acréscimo". O "reino de Deus e sua justiça" é a completa integração do querer humano no querer divino, a definitiva integração do Ego no Cosmo, a concentricidade da vontade humana com a vontade divina ("seja feita a tua vontade..."); uma vez realizada essa sintonização, "todas as outras coisas" já não nos devem preocupar, porque elas nos "serão dadas de acréscimo", isto é, virão infalivelmente como conseqüências lógicas e inevitáveis dessa premissa ética.

Ser-bom é comigo.

Tornar-me-feliz é com Deus.

Está em meu poder o ser-bom — o ser-feliz é um dom de Deus inseparavelmente unido ao meu ser-bom.

O reverso da medalha do ser-bom chama-se ser-feliz (céu).

O reverso da medalha do ser-mau é ser-infeliz (inferno).

Mas só o anverso é que é comigo — o reverso é com Deus.

Não é da minha conta salvar-me — é da minha conta ser bom.

Por isso, Spinoza manda abster-se de qualquer especulação meramente intelectualista-analítica sobre o *que* e o *como* da vida futura.

Basta que o homem tenha certeza de duas coisas, uma objetiva, outra subjetiva, a saber: 1) que o mundo de Deus é um cosmo, e não um caos, e, como um cosmo, o universo age com absoluta retidão e imparcialidade; 2) que o homem procure invariavelmente estar em perfeita harmonia com essa eterna e infalível ordem cósmica do universo, ou seja, com a vontade de Deus.

Sobre a base destas duas certezas ao seu alcance pode o homem viver tranqüilo e feliz, sem ansiedades nem dúvidas internas.

Como realizar essa sintonização entre o Eu humano e o Tu divino?

Pelo amor, em seu aspecto vertical (Deus) e horizontal (homem).

O amor é a lei básica do cosmo. No universo tudo é cooperação, que supõe diversidade. Não haveria possibilidade de integração se não houvesse partes várias e individualmente diferenciadas. Para que essa integração seja harmonia, e não monotonia, requer-se a existência da diversidade dos indivíduos.

Unidade sem diversidade seria monotonia.

Diversidade sem unidade seria caos.

Unidade na diversidade é harmonia.

Spinoza é essencialmente o filósofo da harmonia cósmica do universo, como também da harmonia cósmica (ética) da humanidade. Essa mesma harmonia, resultante da unidade na diversidade, reina tanto no macrocosmo como no microcosmo.

* * *

É inútil especular sobre a imortalidade e seus atributos, porque nenhum homem pode, no presente estágio de evolução, ter clareza sobre isso, que é infinitamente maior do que ele, no grau atual; a imortalidade consiste essencialmente na voluntária integração da parte no Todo, no Amor universal.

De dois modos pode-se negar a imortalidade: 1) negando a *distinção* entre o indivíduo humano e o universal Divino, isto é, fazendo aquele diluir-se neste de tal modo que o primeiro desapareça e fique só o segundo, como têm de fazer logicamente todos os que não fazem distinção real entre o individual e o Universal, e os que negam a realidade objetiva do indivíduo, tachando-o de simples ilusão subjetiva; 2) os que advogam a *separação* entre o individual e o Universal, porque é intrinsecamente impossível que aquele exista separado deste. Se os do primeiro grupo afirmam *de menos*, os do segundo grupo afirmam *de mais*. Um "indivíduo" não distinto do Universal é um pseudo-indivíduo, mas não um indivíduo real, porque é idêntico com o Todo, o Universal. Por outro lado, um "indivíduo" separado do Universal é um puro Nada, uma simples ficção, uma irrealidade com visos de realidade, um Algo aparente que é um Nada radical. Todo efeito separado da Causa é um Nada que parece ser Algo.

Logicamente, nem o panteísmo, que nega a distinção, nem o dualismo, que afirma a separação entre o individual e o Universal, podem admitir, logicamente, a imortalidade da alma ou do homem, porque, ou identificam o homem com *Deus*, ou reduzem o homem ao *Nada*. Só uma filosofia que afirma a distinção mas nega a separação entre o homem e Deus é que pode, logicamente, defender a imortalidade.

Negar que o homem, pela separação do corpo material, perca a consciência da sua identidade equivale a negar a sua imortalidade. Todas as coisas são eternas em seus últimos constitutivos; mas essa eternidade de elementos últimos não é imortalidade. A imortalidade é mais que uma eternidade elementar, é uma eternidade consciente, isto é, a conservação da identidade do Ego. Se a matéria-prima do meu corpo e a matéria-prima do meu espírito, depois de perderem a coesão focalizada na consciência do Ego, tornaram a entrar em novas combinações donde resulte um novo Ego consciente, esse Ego não sou eu; é um segundo Ego, diferente do primeiro. Neste caso, não sou eu que sou imortal, é alguém, diferente do meu Eu, que se apropriou da matéria-prima do meu Eu extinto e com ela arquitetou o seu próprio Ego, que é dele, e não meu.

A verdadeira imortalidade requer, como elemento essencial, a identidade do Ego. Se esse Ego dependesse de qualquer agregação ou sistema particular de matérias ou energias, não seria possível defender a identidade desse Ego. Mas esse Ego, embora extrínseca e temporariamente dependente da matéria do meu corpo e das correntes dos meus nervos, é intrinsecamente independente desses veículos, porque esse Ego, embora individualizado, não é, a bem dizer, um indivíduo em si mesmo; esse Ego é o próprio Universal em forma individualizada, é a infinita ESSÊNCIA finitizada nesta *existência*, que se chama o meu Ego. Ora, a eterna Essência revela-se em inúmeras existências. No mundo infraconsciente, essas existências aparecem e desaparecem, vivem e morrem, são e deixam de ser; não se cristalizam, não se focalizam em Egos auto-conscientes; mas, uma vez que uma existência se focalizou em autoconsciência, descobrindo a sua identidade com a finita Essência, com o Ser-Divino, essa existência nunca mais se desfocaliza, essa autoconsciência nunca mais se dissolve, essa personalidade nunca mais se despersonaliza, mas continua autoconsciente e tende a intensificar essa sua autoconsciência por meio de sucessivos graus de conhecimentos da sua identidade com a Consciência Universal.

A imortalidade, em sua forma potencial, é um atributo da natureza humana, uma dádiva de berço; mas a imortalidade atual é uma conquista do homem, a mais alta das suas conquistas. Em todos o homens existe o "reino de Deus", em estado potencial, embrionário, oculto; mas, para entrar nesse reino, deve o homem descobrir, ver e viver essa imortalidade atual. Deve "renascer pelo espírito".

Entretanto, como dizíamos, especular sobre o modo da vida fora do corpo físico é desnecessário e supérfluo para quem vive em perfeita sintonia com o Infinito.

7. Religião e política

Spinoza defende a doutrina de que a Realidade é una e absoluta, no plano objetivo do ser — mas que no plano subjetivo do conhecer essa mesma Realidade é múltipla e relativa. Um ser finito não pode jamais atingir a Realidade infinita em sua totalidade. Todo o nosso conhecer é necessariamente imperfeito, parcial, fragmentário, suscetível, porém, de perfectibilidade cada vez maior. Essa perfectibilidade ou esse aperfeiçoamento depende da sucessiva expansão da nossa consciência, abrangendo zonas cada vez maiores da Realidade objetiva.

Por isso mesmo, não pode haver forma de religião nem regime político definitivos, para todos os tempos e para a humanidade como um todo. A forma de religião e política é necessariamente condicionada pelo maior ou menor grau de evolução do homem. O que é o mais perfeito para uma época ou uma parcela da humanidade pode ser muito imperfeito para outra época ou outra parte do gênero humano — assim como o mais perfeito para a infância é imperfeito para a adolescência; e o que é considerado o máximo possível para esta pode ser considerado como inferior para o homem em sua maturidade.

A realidade é absoluta e infinita — mas o contato com essa Realidade, que chamamos "conhecer", é sempre relativo. Por isso, logicamente, qualquer forma de religião e política, dependendo desse conhecimento, é necessariamente finita e relativa. Daí a necessidade de manter o caminho aberto para ulterior evolução. Daí a insensatez que há em querer estabelecer regras absolutas e dogmas imutáveis, no terreno religioso ou político, para todos os tempos e todos os homens.

Spinoza defende a idéia, que poderíamos chamar de "luz-verde", e rejeita a concepção da "luz-vermelha" — isto é, não admite que, em ponto algum da sua evolução, esbarre o homem com uma fronteira definitiva, intransponível.

Nega que o povo de Israel tenha sido o "povo eleito" no sentido de que Deus só se tenha servido dele como veículo das mensagens à humanidade. Há em cada povo homens capazes de servirem de veículos da revelação divina; depende unicamente da maior ou menor receptividade interna desses indivíduos, uma vez que Deus é uma realidade onipresente imanente em todas as coisas e pessoas.

Spinoza poderia ter aprovado plenamente frases conhecidas como estas: "O reino de Deus está dentro de vós" (Jesus, o Cristo), "A alma é cristã (divina) por natureza" (Tertuliano), "Deus estava sempre presente em mim, mas eu andava ausente dele" (Agostinho); Deus é aquele ser "no qual vivemos, nos movemos e temos o nosso ser" (Paulo de Tarso), "Somos participantes da natureza divina" (Pedro, o apóstolo). De fato, na sua réplica à excomunhão da sinagoga, ele se refere a textos bíblicos do antigo e novo Testamentos, inclusive as citadas palavras de São Paulo, para mostrar que seu difamado "panteísmo" permeia tanto as filosofias antigas como os livros inspirados da humanidade, não só oriental, mas também ocidental.

As verdades da Bíblia, veiculadas por receptáculos humanos, imperfeitos, aparecem necessariamente em trajes modificados por esses veículos, isto é, não representam, na forma em que as possuímos, a Realidade absoluta. Podemos e devemos guiar-nos por essas mensagens divinas, mas não as podemos considerar como a última palavra da verdade, em razão da relativa imperfeição de seus transmissores. Todos os mensageiros de Deus são, em maior ou menor grau, influenciados nas suas mensagens pelo ambiente social, nacional e mesmo biológico em que vivem, bem como pela educação que receberam, enxergando a verdade eterna através dos prismas temporais da sua vida particular.

De resto, Spinoza nega que haja qualquer necessidade de dogmas imutáveis para guiar o homem com segurança na sua jornada ascensional a Deus. Pode um homem ser profundamente religioso e eticamente bom sem admitir um único dogma religioso imutável, porquanto a religião e a moral consistem unicamente no fato de o homem se guiar pela verdade mais alta acessível a ele, no estado evolutivo em que se acha, como, por outro lado, o mal ou pecado consiste em que ele se deixe vencer por tendências e hábitos inferiores ao plano superior por ele apreendido. Portanto, para que o homem seja eticamente bom basta que se guie por aquilo que, para ele, é o mais alto, objetivamente. Assim, por exemplo, para o tempo de Moisés, na esfera do povo de Israel, a lei de talião ("olho por olho, dente por dente") era a mais alta forma de ética que esse povo podia conceber, porque vivia num tempo em que a vingança *ilimitada* era a regra geral; de maneira que a vingança limitada rigorosamente à ofensa recebida era um grande avanço na estrada da evolução ética e religiosa desse povo, embora, à luz do Evangelho, deva ser considerada como algo imoral. Segue-se que a mesma norma pode ser boa para um certo estado evolutivo, e pode ser má para um estado evolutivo superior. Entretanto, esse inevitável "relativismo" da norma de moralidade não é "arbitrário", subordinado ao mero capricho do homem; essa norma, embora não de todo absoluta, é, contudo, uma norma "relativamente absoluta" para cada homem, porque não lhe permite guiar-se senão pelo que pode conceber de melhor.

Essa "liberdade de pensamento e de consciência" que Spinoza defende é, pois, de caráter racional e ético.

"Posso não concordar com uma só das coisas que dizeis", escreve Voltaire, "mas defenderei até a morte o direito que tendes de as dizer".

E Jefferson diz: "Jurei, perante Deus, eterna hostilidade a todas as formas de tirania sobre a mente humana".

Spinoza, embora admita o caráter absoluto e imutável da Realidade em si, a "Substância Única", a "*Natura Naturans*" (Deus), defende a relatividade do conhecimento humano em face dessa Realidade.

* * *

Como em matéria de religião, também no terreno político não há nem pode haver regime absolutamente bom e definitivo. Os regimes que melhor se adaptavam a um estado anterior da humanidade — e, ainda hoje, a diversas parcelas da humanidade — podem, em nossos dias, ser incompatíveis com o gênero humano nos seus setores mais evolvidos. Assim, a forma monárquica, ou monocrática, era, certamente, a mais natural para a humanidade infantil, ao passo que o regime democrático condiz com o estado atual de uma grande parte da humanidade adolescente, embora não se possa afirmar que a democracia seja simplesmente a melhor forma de governo. Tempo virá em que a humanidade modificará, conforme sua evolução superior, os regimes democráticos hoje vigentes.

A função do Estado não é suprir a personalidade humana, mas criar ambiente de paz e segurança em que a personalidade possa desenvolver normalmente todas as suas potencialidades latentes. Poder não quer dizer violência, nem absolutismo ou ditadura; mas o poder é necessário para promover a harmonia social entre todas as partes do Estado, sempre orientado pela razão, até que o próprio indivíduo seja capaz de se orientar por si mesmo. O poder público é, pois, um meio, e não um fim em si mesmo. O Estado não deve substituir ou suprimir a personalidade; deve, sim, auxiliá-la em tudo que for necessário para que a pessoa possa atingir a plena atualização das suas potencialidades, de tal modo que da perfeição de cada indivíduo resulte a perfeição da sociedade.

Como se vê, Spinoza defende, implicitamente, o ideal da "cosmocracia", regime esse em que cada indivíduo, plenamente evolvido em si mesmo, se guia seguramente pelos ditames da sua própria consciência interna, sem nenhuma necessidade de leis externas. Essa "cosmocracia" (governo pelo cosmo) seria uma espécie de "anarquia", mas não uma anarquia por falta de lei, e, sim, uma anarquia que dispensasse qualquer lei externa pelo fato de ter cada cidadão em si a lei interna, à qual obedeceria espontaneamente, não por medo de castigo nem esperança de prêmio, senão unicamente em virtude duma compreensão racional que o fizesse amar a própria lei como amiga.

Muitos homens desobedecem à lei, porque a odeiam.

Outros obedecem à lei, ainda que a odeiem.

Outros, porém, obedecem à lei porque a amam.

Esse terceiro grupo representaria a superdemocracia, ou "cosmocracia".

Entretanto, como não é difícil entender, para que o homem possa, de fato, amar a lei, *querer* o seu *dever*, fazer o bem por causa do bem, é indispensável que ele tenha atingido elevado grau de evolução interior, que, no dizer do Nazareno, tenha chegado a "conhecer a verdade", essa verdade que "liberta". O regime cosmocrático representaria o estado da "liberdade pelo conhecimento da verdade". Platão teve uma visão desse plano evolutivo quando descreveu o seu famoso "filósofo-rei" ou "rei-filósofo", quer dizer, um soberano que, embora monocrata ou ditador, governasse o seu povo com absoluta sabedoria e santidade, sem um resquício de egoísmo ou ambição pessoal. Spinoza, a bem dizer, é o visionário do "povo-filósofo", um povo tão perfeito que nem sequer tivesse necessidade de um "rei-filósofo", porque esse próprio povo, chegado ao plano cosmocrático, seria sábio e santo, governado pela eterna sabedoria e santidade do próprio Cosmo (Deus).

Spinoza faleceu no meio da elaboração do seu *Tractatus politicus* (*Tratado político*), de maneira que nos deixou apenas um terço dessa grande obra, que, a julgar pelo esboço que dela temos, teria vindo a ser a sua obra-prima de filosofia ética e política. Mas, pelo pouco que temos, podemos adivinhar o muito que teríamos, se desse pouco soubéssemos derivar o que ele contém em germe.

"O fim do Estado", escreve o grande pensador, "não é dominar os homens, nem restringir-lhes a atividade pelo terror; é antes libertá-los do terror para que possam viver e agir com plena segurança e sem perigo, para si e para seus semelhantes. O fim do Estado, repito, não é transformar seres racionais em brutos ou máquinas; é, sim, habilitar o corpo e o espírito dos cidadãos a funcionar melhor; é levar os homens a viver pela e para a razão livre, para que não desperdicem as suas forças em ódios e fraudes, nem se conduzam deslealmente. De maneira que o verdadeiro fim do Estado é a liberdade".

8. Influência de Spinoza na evolução do pensamento moderno

Seria erro gravíssimo considerar Spinoza como o "pai do panteísmo moderno", como numerosos compêndios de filosofia costumam repetir rotineiramente. Vão nesse asserto dois erros, a saber: 1) que o filósofo luso-holandês tenha sido um panteísta; 2) que lhe caiba a paternidade dessa ideologia falsamente chamada panteísmo, como ele mesmo fez ver na resposta à sinagoga que o excomungara.

Entretanto, não se pode negar que os pensamentos do solitário filósofo-operário de Amsterdã tenham exercido extraordinária influência sobre poderosas correntes filosófico-culturais dos séculos subseqüentes. O que os grandes gênios da humanidade fazem não é criar, nem mesmo descobrir idéias novas, mas, sim, cristalizar e fazer convergir num foco intenso certas verdades que andavam dispersas pela atmosfera secular e milenar da humanidade e das quais esta era apenas obscura e crepuscularmente consciente. O gênio é, a bem dizer, o intérprete e locutor explícito do subconsciente implícito do gênero humano; diz com meridiana clareza e nitidez o que muitos como que adivinhavam e entressentiam vagamente, sem o poderem formular e exprimir em termos precisos e claros. Toda vez que o homem dotado com esse carisma de intérprete de seus semelhantes aparece no cenário da história, dizendo o indizível, milhares de outros homens o aplaudem, não como um importador de novas ideologias, mas como o educador e locutor da mente e alma daqueles que estavam na expectativa anônima dessa grande revelação do seu próprio Eu. Todas as antenas afinadas pela mesma freqüência de receptividade o saúdam, então, como amigo e redentor — ao passo que outros, destituídos dessa receptividade, o condenam e hostilizam como inimigo e herege, porque esses tais têm "uma lei e segundo a lei ele deve ser crucificado".

Poucos filósofos da história foram tão intensamente amados e tão violentamente odiados como Spinoza.

Todos os espíritos dotados de uma vidência cósmica acima da do comum da humanidade-massa suspeitam ou adivinham, com maior ou menor clareza, que existe uma vasta e profunda unidade do universo para além dessa aparente multiplicidade de fenômenos perceptíveis e concebíveis. Claro está que a afirmação dessa unidade suprema não exclui o reconhecimento da pluralidade como objetivamente real; nem há conflito algum entre esses dois conceitos, de unidade e pluralidade, uma vez que esta se refere aos fenômenos existenciais do mundo, causados, enquanto aquela diz da realidade essencial, causa não causada.

Spinoza, como poucos filósofos que o precederam ou seguiram, contribuiu grandemente para despertar e clarificar nos pensadores competentes a certeza e nitidez dessa unidade na diversidade, esse verdadeiro conceito do "Universo" (*um e diversos*). Não fundou escola nem seita, porque o seu espírito, essencialmente universalista, era avesso a qualquer espécie de fragmentação ou parcelamento.

Por diversos decênios após a morte do solitário polidor de lentes ficou a sua filosofia sepulta no esquecimento, ou, no caso de que alguém lembrasse o nome de Spinoza, era apenas para o execrar como um tresloucado. O célebre empirista britânico David Hume refere-se incidentemente às "hediondas hipóteses de Spinoza". O exímio crítico literário alemão Lessing, um dos primeiros que penetrou no mundo dessa ideologia, nos tempos modernos, diz que se falava de Spinoza como de um "cachorro morto"; Lessing, porém, confessa abertamente que não há outra filosofia digna desse nome senão a de Spinoza. Outros pensadores germânicos, entre eles Jacobi, Herber e o exímio teólogo evangélico Schleiermacher — que fala com reverência do "santo e excomungado Spinoza" —, reabilitaram, aos poucos, o nome e as idéias do filósofo de Amsterdã. Novalis, insigne poeta católico alemão, extasia-se, embevecido, ante a pura personalidade desse "homem ébrio de Deus".

Não tardou que a "Ética" de Spinoza se tornasse o inseparável vade-mécum dos maiores pensadores, poetas e literatos da Europa, sobretudo da Alemanha. Goethe confessa que foi Spinoza que, com sua serenidade e firmeza, lhe serviu de mestre e mentor para superar a caótica imaturidade da sua mocidade romântica e atingir as alturas de uma ponderada e esclarecida maturidade interior; ensinou-lhe sobretudo "*dass wir entsagen muessen*" (que devemos reconhecer as nossas limitações). Kant, Fichte, Schelling, Hegel, Schopenhauer, Nietzsche e muitos outros são devedores a Spinoza por muitos dos melhores pensamentos de que entremearam as suas filosofias, por vezes tão estranhas; na França é, sobretudo, o exímio pensador Henri Bergson que, seguindo as pegadas do monista holandês, cristaliza o seu neovitalismo na expressão lapidar do *élan vital*.

Na Inglaterra penetrou Spinoza, de preferência, por intermédio de Coleridge, Wordsworth e Shelley. Belfort Bax escreve: "Não existe, em nossos dias, homem eminente que não declare estar toda a ciência sintetizada em Spinoza".

Will Durant, parafraseando uma sentença do Eclesiastes, diz de Spinoza: "Mais vastos que o mar são os seus pensamentos, mais profundos que os maiores abismos são os seus conselhos".

Foi, pois, com razão que Ernest Renan, por ocasião da inauguração do monumento a Spinoza, em Haia, exclamou: "Eis aí o homem que teve a mais profunda visão de Deus!"

* * *

Entretanto, como no caso dos neoplatônicos e seus afins, convém repetir o salutar aviso: que nem todos são capazes de abranger a vastidão e profundeza da filosofia desse homem, pervertendo-a, talvez inconscientemente, segundo a sua incompreensão. Para que alguém possa avaliar com justeza e verdade um gênio, deve ele mesmo possuir algo da natureza desse gênio, porquanto *cognitum est in cognoscente secundum modum cognoscentis*. É mais fácil um sábio aprender de um tolo do que um tolo aprender de um sábio.

Uma coisa é certa: um homem que viveu integralmente a sua filosofia, como Spinoza, e dela hauriu inabalável firmeza de caráter, serenidade interior em plena tempestade e uma nunca desmentida bondade e benevolência para com todos, inclusive os seus gratuitos inimigos — esse homem deve ter encontrado em sua filosofia mais que um interessante sistema de idéias subjetivas; deve ter experimentado a sua filosofia como a expressão de uma grande e dinâmica realidade objetiva, alicerçada na rocha da Verdade Eterna e Absoluta.

É fora de dúvida que na pessoa e na filosofia de Spinoza o monismo metafísico e ético celebra um dos seus maiores e mais puros triunfos.

A harmonia preestabelecida do universo

Gottfried Wilhelm von Leibniz (1646-1716)

Leibniz inicia a sua vida pelo fim da Guerra dos Trinta Anos, catástrofe que fizera da Europa um campo de ruínas e da vida humana um caos. A época era própria para violentos entrechoques nacionalistas. Entretanto, Leibniz, como mais tarde Goethe, manteve o seu vasto e bem equilibrado humanismo acima de todos os estreitos e descontrolados parcialismos nacionais. Toda a sua filosofia revela esse colorido universalista, esse sensato centralismo eqüidistante dos extremismos da direita e da esquerda. O gênio de Leibniz tem algo do panorâmico enciclopedismo de Leonardo da Vinci e Goethe, mas sente-se sobremaneira fascinado pela lógica retilínea da matemática e da geometria.

Também em sua vida religiosa segue ele uma trajetória essencialmente universalista, que não podia deixar, naturalmente, de conflitar com os sectarismos eclesiásticos da época, valendo-lhe a pecha de "herético".

Grande admirador de Spinoza, procura Leibniz, todavia, evitar o que ele considera a frígida racionalidade mecânica do exímio pensador luso-holandês. Leibniz é antes o defensor duma filosofia de flexibilidade orgânica do que advogado duma ideologia de rigidez mecânica. O determinismo de Spinoza faz, a seu ver, do mundo uma máquina de precisão, do homem um autômato e de Deus um princípio matemático impessoal. Leibniz quer mais colorido, mais elasticidade, mais liberdade. Para ele, o universo obedece a uma "harmonia preestabelecida", obra de um Ser pensante livre que, através do drama do cosmo e da epopéia do gênero humano, realiza uma determinada teleologia e uma finalidade conscientes.

Leibniz, espírito versátil e polimorfo, abrange vasto campo de atividades várias. Exerceu também altas missões diplomáticas, na França, onde privou com Luís XIV. Falhou, é verdade, na sua carreira diplomática, mas seu gênio foi grandemente enriquecido pelo contato com notáveis pensadores contemporâneos, como Arnauld e Tchirnhausen, em Paris, e, em Londres, Boyle e Isaac Newton, juntamente com o qual descobriu o cálculo diferencial, cuja prioridade passou a ser adjudicada ao matemático britânico, com grande desapontamento do filósofo germânico. Terminou seus dias em Hannover, na qualidade de bibliotecário do duque dessa cidade.

* * *

A obra mais notável de Leibniz é a sua *Monadologia*. Para ele, existe, como base unitária do cosmos, uma energia ou força única — a "mônada", que é para Leibniz mais ou menos o mesmo que para Demócrito de Abdera era o "átomo", com a diferença de que a "mônada" não é considerada como unidade material, mas, sim, imaterial ou energética. Neste sentido, pode Leibniz ser considerado um dos precursores da Era Atômica, que aboliu o conceito tradicional de "matéria" estática, substituindo-o pelo princípio dinâmico da energia universal. A ciência da Era Atômica não só proclamou o conceito da "imaterialidade da matéria", mas consagrou também o princípio da unicidade da energia; não existem, para o físico nuclear, nem matéria nem energias, mas tão-somente uma única Energia Universal, como Einstein procura demonstrar matematicamente em seu livro *The Unified Field Theory*.

A mais profunda intuição filosófica de todos os tempos defendia a estrita unidade do cosmo, milênios antes que a inteligência científica conseguisse demonstrar — aliás, apenas parcial e precariamente — essa verdade no terreno da física.

Afinado pelo matemático-filósofo Pitágoras e por outros gênios da Antiguidade, concorda Leibniz com a concepção de que "Deus geometriza", isto é, de que todas as verdades fundamentais podem, em última análise, ser cristalizadas em figuras geométricas, como, aliás, o grande Spinoza já tentara fazer na sua obra-prima *Ética demonstrada à maneira dos geômetras*. Enquanto o homem percebe apenas obscura e crepuscularmente as verdades eternas, tudo se lhe afigura vago, incerto, longínquo — mas, desde que o mediatismo e ziguezagueio da análise intelectual ceda ao imediatismo retilíneo da intuição racional, desvanece a angustiante nebulosidade daquele e surge a meridiana claridade deste — e "Deus geometriza"...

Propriamente, existe só uma "ciência exata", que se pode apelidar matemática, geometria, lógica, ou também metafísica, filosofia, religião, mística; porque, na mais profunda subestrutura de todas essas realidades, se encontra a mesma Realidade Última, diversamente fraseada, mas essencialmente idêntica, como as arestas duma pirâmide que, no topo, se fundem num único ponto indimensional.

Embora a "mônada" seja, em última análise, uma só no plano da essência, no terreno das existências essa "mônada" aparece como pluralística e multiforme, creando a imensa variedade existencial do mundo dos fenômenos individuais.

É pela contemplação da Verdade Eterna (Deus) que a "mônada" humana se transforma num espírito racional — ao passo que a "mônada" animal, vegetal e mineral deixa de refletir racionalidade.

Deus é o eterno *Mónos*, ou "Mônada" — o *Logos* de Heráclito, dos neoplatônicos e do quarto evangelho — e tanto mais divino é um ser quanto mais racional ou lógico.

Para provar a existência de Deus, recorre Leibniz a diversos argumentos. Desenvolve também o chamado "argumento ontológico", tão ardentemente preconizado por Santo Anselmo.

Um dos argumentos teológicos tipicamente leibniziano é derivado do conceito da "harmonia preestabelecida": as "mônadas" individuais são cegas, ou, no dizer do filósofo, *fensterlos* (sem janelas), e, por isso, não se podem harmonizar e sincronizar por si mesmas; entretanto, o universo é uma estupenda sinfonia sincronizada, o que supõe a presença e atuação de uma força racional que, embora inconsciente às "mônadas", integra todos esses componentes individuais no grande Composto Universal.

Segundo Leibniz, é este mundo o melhor dos mundos que Deus podia crear (para Schopenhauer, é o pior!), embora não seja absolutamente perfeito, porque, se assim fosse, o mundo seria Deus. Deus é livre, e, como a sua liberdade é idêntica à sua sabedoria, e esta coincide integralmente com seu poder, segue-se que Deus creou o melhor dos mundos que sua sabedoria podia conceber e que seu poder podia realizar.

Leibniz percebe claramente que os chamados "males" inerentes ao mundo não são entidades positivas, creadas por Deus, mas não-entidades, ou seja, ausências parciais, bens inferiores, finitos, cuja finitude é por nós percebida como um "mal". Não pode haver graus no Infinito, mas pode haver numerosos graus ou graduações no plano dos finitos, isto é, dos mundos.

Aos conhecidos princípios lógicos fundamentais da "identidade" e da "contrariedade" acrescentou Leibniz o da "razão suficiente" — embora este não possa, a bem dizer, ser considerado como algo novo e autônomo, senão apenas como um derivado dos dois primeiros.

* * *

Ensina Leibniz que a ética não consiste em não ter amor-próprio — não há ser algum que não o tenha — mas em possuir um amor-próprio compatível e sintonizado com os interesses de nossos semelhantes; o mal está no *exclusivismo* do amor-próprio, que, para ser ético, deve passar a ser *inclusivista*.

A virtude e a santidade estão baseadas no conhecimento racional da verdade, principalmente da verdade sobre o Eu; o pecado e o vício vêm da ignorância ou do falso conceito do Eu.

Como Sócrates, identifica, pois, Leibniz o ser-bom com o ser-sábio — e o ser-mau com o ser-ignorante.

* * *

Como humanista universal, não podia Leibniz deixar de se opor tanto ao *despotismo* como ao *anarquismo*. Aquele peca por deficiência de liberdade individual — este erra por excesso de liberdade, que degenera em desordem e indisciplina. Deve haver na vida humana uma liberdade disciplinada, ou uma disciplina livre. O espírito aristotélico do "equilíbrio" ou do "justo meio" transparece na filosofia de Leibniz.

Como adepto de uma racionalidade esclarecida, não admite Leibniz a necessidade de guerras e lutas violentas, porque violência é irracionalidade; onde termina a razão principia a força bruta; o espírito da força é incompatível com a força do espírito.

Entretanto, essa racionalidade leibniziana não chega ao ponto de admitir, como Jesus, Tolstói, Gandhi e outros, o princípio integral da não-resistência; entendia o filósofo germânico que a não-resistência era algo puramente negativo, uma simples abstenção da violência física, na realidade; como o Mahatma expõe luminosamente, a verdadeira não-resistência é eminentemente positiva, porque é a substituição da *violência material* (ódio) pela *violência espiritual* (amor); a eficácia não está na ausência do ódio, mas na presença do amor — presença essa, naturalmente, impossível sem a ausência do desamor.

É este, aliás, o tipo de não-resistência preconizado pelo Sermão da Montanha: a oposição do amor ao ódio, do bem ao mal.

* * *

A filosofia calma e equilibrada de Leibniz pode servir de ponto de partida a poderosas torrentes de reconstrução humana, nos planos individual, social, político, nacional e internacional; mas a aplicação prática desses princípios sadios depende da evolução interna do homem e da progressiva ampliação da sua receptividade espiritual.

Por que o empirismo culminou em ceticismo universal

David Hume (1711-1776)

Refere a Bíblia que o pequeno Davi matou o grande Golias, e que serviu de projétil mortífero uma pedra arremessada habilmente pela funda do jovem pastor.

Outro Davi, não de Israel, mas da Escócia, matou outro Golias — o orgulhoso gigante da "certeza científica". E como arma se serviu ele da "lei da causalidade", ídolo tradicional dos cientistas da natureza.

David Hume pode ser considerado como o filósofo-padrão do empirismo da Renascença. Teve, como poucos dos seus colegas, a louvável coragem de ser inteiramente lógico e coerente nas conclusões tiradas das suas premissas empíricas, fossem quais fossem as conseqüências para o mundo da filosofia, da religião e da ética.

Para Hume, como, aliás, para todos os adeptos do empirismo radical, a única fonte do conhecimento real, caso exista, são os objetos do mundo circunjacente, cujos reflexos são canalizados para dentro do sujeito percipiente, por meio dos sentidos. O conhecimento não vem de dentro do homem, como pretende a escola socrático-platônica e outras; vem unicamente dos objetos de fora, veiculados pelos canais adutores dos órgãos sensitivos.

O processo é conhecido: os sentidos recebem as impressões do mundo externo. Transmitidas pelos sentidos e nervos para o interior do homem, são recebidas por outra faculdade, o intelecto, que transforma essas impressões individuais e concretas em idéias, aparentemente gerais e abstratas. Na realidade, porém, as impressões recebidas continuam, dentro do intelecto, o que eram fora dele: elementos individuais e concretos, com a diferença de que, na forma de idéias intelectuais, existem como que fundidas num só bloco uniforme e homogêneo, interpretadas e permeadas como se tivessem deixado de ser coisas individuais.

Para ilustrar essa concepção empírica do processo sensitivo-intelectivo, vamos lançar mão de uma comparação corriqueira, tirada do ambiente culinário. Uma cozinheira tem à sua disposição, digamos, cinco ingredientes: farinha, ovos, leite, açúcar e água. Mistura essas cinco substâncias de tal modo — e ela tem, para isso, aparelhos modernos maravilhosos! — que resulte num bolo uniforme e saboroso. O bolo — simbolizando o complexo das idéias intelectuais — não é, na realidade, senão a soma total de todos aqueles ingredientes — correspondentes às impressões sensitivas —, embora pareça algo inteiramente diferente de farinha, ovo, leite, açúcar e água. Analisando devidamente esse bolo sintetizado, descobriríamos todas essas substâncias, e nada mais. Nada de "universal" — tudo "individual". O bolo é um "indivíduo coletivo", assim como cada um dos ingredientes era um "indivíduo singular".

Ora, falta aos seres infra-humanos a faculdade necessária para realizar essa mistura ou fusão de elementos sensitivos, e por essa razão não podem eles elaborar idéias intelectuais como o homem.

Sendo que nada existe no intelecto que não tenha existido nos sentidos — embora nele exista de outra forma —, claro está que não temos o direito de atribuir ao intelecto algo realmente diferente daquilo que os sentidos contêm; estes, porém, só contêm elementos individuais.

Tudo que é individual é real — o que não é individual não é real, diz Hume.

Qualquer conhecimento real e certo supõe uma relação entre o individual e o universal, mas, como esse universal é apenas uma ficção da nossa mente subjetiva, e não uma realidade objetiva, segue-se que essa relação não existe realmente, uma vez que um dos seus termos é irreal. Logo, não há conhecimento, no sentido tradicional do termo.

Todo conhecimento baseia-se na percepção da relação causal; mas, como essa relação não existe objetivamente, não há conhecimento real certo. O nosso conhecer é essencialmente o mesmo que o perceber dos animais, aos quais ninguém atribui conhecimento real, baseado na relação causal entre dois indivíduos percebidos pelos sentidos. É praxe e hábito secular entre os homens falar em causalidade; mas não passa de um simples hábito ou costume subjetivo, ao qual nada corresponde objetivamente; quer dizer que é uma ilusão. Nenhuma coisa da natureza existe *por causa* de outra, mas tão-somente *depois* de outra. A semente não produz a árvore, e esta não existe por causa daquela; uma existe antes e outra depois da outra. O nexo causal é simples ficção da nossa mente humana. O animal não é capaz dessa ficção, que para nós nos é útil na classificação das coisas.

Não há na natureza nenhuma *conseqüência lógica*, de causas e efeitos, independentes; há tão-somente uma *seqüência cronológica* de fatos justapostos. O *nexo causal interno* é criado pela mente do cognoscente, ao passo que lá fora só existem *condições externas* necessárias para que um fato aconteça depois do outro.

Ora, como todo conhecimento real e certo supõe concatenação interna entre causa e efeito, segue-se que não pode existir conhecimento dessa natureza. Todo o nosso chamado conhecimento no terreno da física, da química e em outro setor qualquer tem por base uma *probabilidade* maior ou menor, mas não uma *certeza* real. Ora, a soma total das probabilidades não dá certeza, senão apenas um elevado grau de probabilidade.

Exemplifiquemos: H_20 = Água. Isso é um fato histórico, mil vezes verificado. Mas desse fato não se segue que exista uma lei necessária que obrigue o hidrogênio e o oxigênio a se combinarem dessa forma. De fato, por mais numerosos que sejam, não se pode inferir uma lei, porque esta seria algo universal (isto é, irreal), ao passo que os fatos são todos individuais. Todo o nosso saber é essencialmente *indutivo*, e não *dedutivo*, porque começa invariavelmente com fatos individuais e concretos, e termina também com fatos dessa natureza. Os que fazem culminar as induções individuais numa lei universal evidentemente pecam contra a lógica, que não permite que de premissas menores se tirem conclusões maiores que a soma total das premissas. Das premissas individuais da indução só podemos tirar uma conclusão também individual, embora com maior grau de probabilidade que as premissas individuais. A conclusão é maior em grau, mas não é diferente em espécie das premissas de que foi derivada.

Ora, uma vez que nenhuma soma de induções individuais garante uma lei universal, segue-se que a ciência, no sentido tradicional, que nos garanta plena certeza não existe.

Nas verdades *matemáticas*, diz Hume, como, por exemplo, $2 \cdot 2 = 4$, existe certamente um nexo intrínseco entre a primeira e a segunda parte da equação; mas isso acontece unicamente porque estamos em face duma simples tautologia, pois $2 \cdot 2$ não é senão outro modo de dizer 4; dizemos o mesmo pelo mesmo, variando apenas a forma externa, o invólucro, mas não o conteúdo. Ora, dizer o mesmo pelo mesmo não é ciência. Ciência seria: 1) não dizer o mesmo pelo mesmo; 2) dizer na segunda parte algo diferente da primeira; 3) provar a existência de um nexo intrínseco necessário entre o sujeito e o predicado da equação. Mas, afirma Hume, esse nexo interno não existe no mundo objetivo, senão em nossa mente subjetiva.

Logo, não pode haver verdadeiro conhecimento científico.

* * *

Que dizer a isso?

Damos inteira razão a Hume no que tange à parte analítica da sua argumentação: de fato, não pode haver verdadeira certeza científica no terreno puramente analítico-indutivo. *Quem nada supõe nada pode provar!* Por mais dogmática e menos científica que soe essa frase, ela é rigorosamente exata e científica. Não foi por nada que Descartes disse que todo conhecimento real tinha de começar com um postulado pré-analítico ("*cogito, ergo sum*" — o "*cogito*" é pré-analítico, o "*ergo sum*" é analítico). Hume teve a intrepidez e a boa lógica de mostrar, a seu modo, a impossibilidade de um conhecimento real e certo que não suponha algo que esteja fora de toda a cadeia dos elos analíticos, derivados uns dos outros. Assim como o arquiteto não pode lançar o primeiro alicerce, o *seu* alicerce, mas tem de supor algo *não-seu*, isto é, a terra — do mesmo modo não pode o arquiteto intelectual lançar a primeira base para um verdadeiro conhecimento científico. Não existe uma "*voraussetzungslose Wissenschaft*" (ciência sem suposição), como queriam, no século passado, certos cientistas germânicos. O postulado é o primeiro passo, a análise é o segundo. Ou talvez melhor: o postulado é o fundamento anterior ao primeiro passo; com esse primeiro passo começa a análise. Um arquiteto que não quisesse supor a terra para nela erguer o seu alicerce não poderia jamais levantar um edifício; seria o tipo do "cético arquitetônico" — assim como o cientista ou filósofo que se recuse a erguer seu edifício intelectual ou racional sobre um postulado anterior a todas as suas análises acaba fatalmente no ceticismo absoluto e universal, como de fato aconteceu com David Hume, o empirista integralmente coerente e, por isso mesmo, o rei dos céticos.

Toda e qualquer prova ou demonstração analítica, indutiva, intelectual, tem de supor um fundamento anterior e independente dessas provas ou demonstrações. Só pode provar algo quem algo supõe!

Esse postulado, porém, não é uma *hipótese*, que, eventualmente, possa resultar falsa; tem de ser um fato imediatamente evidente, algo que não necessite de prova nem possa ser provado, por ser meridianamente certo e evidente, como o *cogito* de Descartes, quer dizer, o conteúdo de um ato consciente, o "dado imediato da consciência", como diz Bergson.

Nem tampouco é esse postulado um *dogma* que se deva aceitar mediante um ato de fé. Dogma é imposição de uma autoridade externa, ao passo que esse postulado deriva de uma autoridade interna, da intuição da própria consciência.

Chamar "ciência" uma cadeia de análises é perverter o nome de ciência, porque acaba em incerteza universal. A verdadeira ciência inclui o postulado como base e parte integrante da sua natureza.

* * *

Outro benefício incalculável que Hume prestou, sem querer, à filosofia e à cultura humana é o fato de ter destruído definitivamente, entre os homens pensantes, a crença tradicional, anticientífica, da existência de verdadeiras *causas* no âmbito da natureza fenomenal. Para o homem comum, a semente é a causa da planta, o ovo é a causa da ave, os pais são a causa dos filhos, e assim por diante. (E nós não aconselhamos ao leitor que desista de vez desse modo de falar, a fim de não ser considerado como um fugitivo do hospício!) Na realidade, porém, não existem verdadeiras *causas* no plano dos fenômenos individuais; o que existe são apenas *condições*, como muito bem disse Hume. Causa designa um fator *interno*, condição é apenas um agente *externo*, que dirige ou canaliza o conteúdo da causa rumo a certo efeito.

Exemplifiquemos: o encanamento não é a causa, mas, sim, a condição da água que sai da torneira; a causa (no plano fenomenal) é a fonte. A água vem da fonte *por meio* do encanamento.

A janela aberta é condição necessária para que a luz solar ilumine a sala, mas a causa dessa iluminação é o foco solar[1].

Da mesma forma, não podem os genitores ser considerados verdadeira causa do filho, senão apenas condição necessária para a formação

---

[1] *Omnis comparatio claudicat*, diz o provérbio romano: toda comparação é imperfeita, sem excluir esta; pois, na realidade, nem a fonte nem o sol são verdadeira causa, no sentido absoluto, senão apenas causas no sentido relativo. O último fator interno da água e da iluminação está para além da nascente e do foco solar. Entretanto, pode essa comparação servir como imperfeita ilustração do pensamento em questão. (N. do A.)

do mesmo. Não são eles os autores e criadores da prole, senão somente os formadores e modeladores da mesma.

Não existem no âmbito do mundo fenomenal *causas* reais, mas apenas *condições* mais ou menos necessárias. Nem se pode falar em causas, no plural, mas somente em Causa, no singular. Essa Causa, porém, não está contida na série dos fenômenos concretos da natureza.

Compete a David Hume ter destruído, com toda a agudeza do seu engenho analítico, a velha crença pseudocientífica nessas supostas causas individuais. Verdade é que ele, como empirista, não passou, nem podia passar além dessa tarefa negativa, dessa demolição de ídolos tradicionais. Não ousou fazer, após essa *negação destruidora*, uma *afirmação construtora*; depois de arrasar o velho mito sobre as *causas individuais* não ousou proclamar a verdade da existência da *Causa Universal*. Para obra tamanha teria sido necessário que Hume abandonasse as ilhas britânicas e fosse para as margens do Nilo ou do Indo ou se matriculasse na escola socrático-platônica de Atenas e tivesse a intuição de Algo anterior aos fenômenos individuais da natureza dos sentidos e do intelecto.

Entretanto, embora não tenha dado esse passo decisivo, serviu à causa da verdade como precursor que desobstruiu o caminho, removendo, a seu modo, um grande obstáculo que, no mundo ocidental, impedia a visão da realidade integral.

David Hume, o rei dos empíricos, acabou em ceticismo universal, filho legítimo do empirismo radical.

Um saber puramente analítico não dá certeza real.

Onde não há verdadeira causa ali não pode haver certeza, senão apenas maior ou menor grau de probabilidade. O que se pode "provar" é apenas "provável" — para haver certeza, é necessário recorrer a algo que não possa ser provado nem necessite de provas.

Se não tivéssemos, em última análise, a intuição de uma Causa Universal — intuição anterior a qualquer processo analítico-intelectivo — não teríamos certeza de coisa alguma.

Retorno à natureza

Jean-Jacques Rousseau (1712-1778)

Em princípios do século XVIII, a filosofia e a civilização geral da Europa tinham atingido tamanho grau de saturação de eruditismo intelectual que, por toda parte, homens ainda não totalmente falsificados ensinavam o retorno a uma vida mais natural e simples. O homem civilizado dava a triste impressão de um monstro, com a cabeça grotescamente hipertrofiada e o coração tristemente atrofiado, e o resto da sua personalidade parcialmente paralisada. Ser um homem culto era ser um erudito, um árido intelectualista, espécie de enciclopédia ambulante. Armazenar na cabeça enorme congérie de conhecimentos *quantitativos*, justapostos, sem o menor sistema nem nexo *qualitativo*, equivalia a ser um homem moderno. Muitos acreditavam piamente no *slogan*, mais tarde popularizado pela filosofia positivista de Comte e outros eruditos, de que "abrir uma escola era fechar um cárcere". Para muitos, a redenção da humanidade e a esperança de melhores dias estavam na soma de conhecimentos cerebrais, e o "pecado original" da humanidade consistia simplesmente na sua falta de maior erudição. Identificando sabedoria com erudição, os corifeus do intelectualismo europeu, sobretudo na França e na Alemanha, proclamavam em altas vozes a panacéia salvadora em forma de massudos compêndios ou tratados de ciência analítica.

Quem mais sofria com esse artificialismo pseudo-educacional era a infância e a mocidade, obrigadas a gastar os melhores anos da primavera humana em recintos escolares, a fim de acumularem penosamente a maior quantidade possível de substância científica.

Quando a atmosfera da Europa atingira as alturas do insuportável, apareceu alguém e, fazendo-se locutor da consciência ou subconsciência de milhares e milhões de seus contemporâneos, lançou no meio dessas nuvens pesadas a faísca elétrica consubstanciada no grito: "Retorno à Natureza!"

Jean-Jacques Rousseau, nascido em Genebra em 1712, teve a coragem de derrubar dos seus pedestais os ídolos do eruditismo fossilizante e plantar em lugar deles a viridente árvore de uma vida simples, em contato direto com os eternos mananciais da Natureza.

A natureza é boa — a civilização é má! É nisso que se resume, em última análise, a filosofia desse homem enigmático, cujas idéias são, a bem dizer, a escrita especular da sua vida: poucos homens terá havido de caráter tão simpático ao par de idéias tão simpáticas, como Rousseau.

O homem nasce bom, mas a civilização o corrompe. Deus plantou o Éden, mas o homem, intelectualizando-se, abandonou esse paraíso e resolveu fundar cidades em vez de viver em jardins — e a primeira cidade, segundo o Gênesis, foi edificada pelo primeiro assassino, Caim. Até hoje, os "Abéis" dos campos são espontaneamente bons, ao passo que os "Cains" das cidades são perversamente maus, porque a civilização, criada pelo lúcifer do intelecto, é visualmente perversa e pervertedora.

Importa, pois, que o homem fuja da civilização e volte à Natureza!

Essa senha de Rousseau, à primeira vista tão simpática, acaba em verdadeiro enigma quando se pergunta o que se deva entender por "Natureza".

Rousseau, antes de tudo, não supõe que o homem moderno deva regressar às selvas primitivas ou habitar em cavernas desnudas, como os trogloditas pré-históricos. Entende que o homem deve voltar à pura natureza do seu próprio ser humano, incontaminado pelas misérias da civilização.

Mas que coisa vem a ser essa "pura natureza humana"?

Se o estranho profeta de Genebra tivesse tido idéia clara sobre a verdadeira natureza humana, rumo bem diferente teria tomado a sua filosofia e sobretudo a sua vida pessoal. Mas aqui é que está o busílis: Rousseau não sabe o que quer dizer "natureza humana", que ele identifica com algo simplesmente emocional, instintivo ou totalmente indisciplinado.

Caráter volúvel, inconstante, deixou o calvinismo e se tornou católico; mais tarde, voltou ao calvinismo, mas sem ser calvinista nem católico na sua vida. Sua vida é uma longa cadeia de romances, cada qual mais superficial e descontrolado. Finalmente, acabou casando com Teresa Vasseur, mulher quase analfabeta, sem inteligência, nem beleza, nem educação. Acham alguns que Rousseau foi levado a esse estranho consórcio por um complexo de inferioridade, uma vez que, em companhia de uma mulher em todo sentido inferior a ele, podia gozar em cheio a sua própria "superioridade". Acham outros que foi o seu veemente impulso de "retorno à Natureza" que o levou a esse casamento díspar, porque via naquela mulher a expressão da natureza sem civilização.

Entretanto, não consta que tenha dedicado amor a essa creatura, nem mesmo aos filhos que com ela teve — enjeitou-os todos, e foram recolhidos a uma creche.

Entretanto, esse pai sem sentimentos paternos escreveu obras célebres sobre educação, como o conhecido livro *Emílio*. Publicou também o *Contrato social* e a *Nova Heloísa*, obras repletas de idéias revolucionárias, que o incompatibilizaram com as instituições conservadoras da época. No seu famoso livro *Confissões*, desabafa, diante de si e do mundo, todas as suas misérias internas, talvez por um impulso subconsciente de encontrar libertação psíquica nessa confissão pública dos seus pecados íntimos. Aliás, a vida e a pessoa desse homem prestam-se admiravelmente para estudos de psicanálise.

Rousseau foi um gênio emocional, mas sem racionalidade nem senso ético. Sua influência sobre a marcha da evolução social da humanidade foi grande, por mais mesquinha e repugnante que tenha sido sua vida individual. Raras vezes, na história da humanidade, um moralista viveu vida tão imoral. Raras vezes terá existido gênio mais paradoxal; em seu livro *A nova Heloísa* chega o autor a tecer a apoteose do matrimônio indissolúvel e das belezas da vida de família bem organizada — ele, que não amava sua mulher, que enjeitou seus filhos e era analfabeto em matéria de fidelidade conjugal. Dizem os peritos que, por vezes, os nossos ideais são a "escrita especular" da nossa vida real, quer dizer, que correm em sentido contrário, como uma escrita lida no espelho, que resulta invertida. Esses homens, oprimidos pela ausência de dignidade pessoal, criam então, inconscientemente, um *Ersatz*, substituindo essa pureza teórica pela ausência da sua pureza prática.

1. O problema da civilização

Na filosofia de Hume o empirismo sensitivo-intelectivo havia celebrado o seu mais alto triunfo — e sofrido a sua mais terrível derrota. Estava demonstrado cientificamente, com uma lógica inexorável, que quem nada supõe nada pode provar; que a análise puramente intelectualizada acaba em ceticismo e niilismo absoluto. Do *nada* da suposição nasce o *nada* da conclusão: *abyssus abyssum invocat!* — um abismo gera outro abismo.

Hume passou ao empirismo a certidão de óbito — e da autópsia consta a *causa-mortis*: o empirismo morreu de hipertrofia do cérebro e atrofia do coração. Quis alimentar-se de si mesmo, sem nada assimilar de fora — e acabou em completa inanição.

Hume, e com ele toda a escola empírica, tem estranha fobia à palavra "postulado" ou seu equivalente; acham que é anticientífica. O processo científico, para eles, é exclusivamente indutivo, analítico, integralmente sensitivo-intelectivo, e nada intuitivo. Intuição, para eles, é mística — e esse terreno é tabu para o verdadeiro cientista, que deve provar tudo e não postular nada. Não compreendem que a base última de toda a ciência positiva é intuitiva; que todas as demonstrações analíticas estão, em última análise, alicerçadas em algo indemonstrável, em algo imediatamente evidente que não pode nem deve ser demonstrado[1].

Duas classes de coisas há que não podem nem devem ser demonstradas; as da *meia-noite* e as do *meio-dia*, ou seja, as coisas totalmente obscuras e as coisas absolutamente claras. Estas, sendo cem por cento claras, não podem ser clarificadas. Aquelas, sendo treva a cem por cento, não podem ser iluminadas.

---

[1] Anos atrás, quando constou que Einstein ia escrever um livro sobre a chamada "Teoria do Campo Unificado", provando a identidade da gravitação e do eletromagnetismo, dezenas de repórteres dos jornais de Nova York acorreram à Universidade de Princeton, New Jersey, para entrevistar o exímio matemático acerca desse assunto. Einstein respondeu a todos: "Sobre este ponto, venham ver-me daqui a mais vinte anos". Um dos repórteres estranhou a resposta e perguntou ao pai intelectual da Era Atômica se ele não tinha certeza sobre essa identidade das energias cósmicas, ao que Einstein replicou: "Certeza tenho, sim, mas não posso provar".

Para quem só conhece "certeza" derivada de provas e demonstrações analíticas deve essa resposta ter soado extremamente absurda. Os grandes gênios, porém, têm certeza de realidades muito antes de as poderem provar intelectualmente, porque a certeza lhes vem duma intuição íntima, talvez eternamente inacessível a demonstrações de caráter analítico.

De resto, todas as certezas que temos do mundo espiritual são certezas intuitivas, e não meramente intelectivas. (N. do A.)

A treva total e a luz integral estão para além de toda e qualquer demonstração ou demonstrabilidade. O que é suscetível de demonstração são as coisas *crepusculares*, penumbrais, as que constam dum misto de luz e trevas, as que se acham, por assim dizer, na linha divisória entre o *sim* e o *não*, entre a plena obscuridade e a plena claridade, as coisas semi-obscuras e semiclaras.

Ora, para que possa haver início de esclarecimentos de qualquer coisa penumbral, é necessário que haja pelo menos um fato ou ponto de apoio meridianamente claro em si mesmo; porquanto da semiluz da probabilidade não se pode extrair a pleniluz da certeza, sem admitir *a priori* que essa pleniluz exista algures, mesmo que seja para além de todas as fronteiras da análise intelectual.

Esse postulado pré-analítico corresponde, na ciência e na filosofia, ao que, na zona da religião, se chama fé.

Em termos matemáticos diríamos: de um menos não se pode tirar um *mais*; ou, em linguagem de lógica, não há efeito maior que sua causa. Nenhuma probabilidade gera certeza se, anterior a essa coisa provável, não existe algo imediatamente evidente — mas esse algo não é objeto do intelecto, senão da intuição, do *élan vital* (Bergson), da razão prática (Kant), do coração (Pascal), do sentimento íntimo (Schleiermacher). Descartes vazou esse pensamento na forma clássica: "*Cogito — ergo sum*"; isso quer dizer que o fato de eu ser diretamente consciente do meu processo cogitativo (não importa o conteúdo do pensamento!) deve ser admitido como um postulado ou fato básico, anterior ao primeiro início de qualquer análise subseqüente. Tenho de admitir um postulado. Não posso lançar o *meu* alicerce de pedra e cimento (análise) se não supuser uma base *anterior* à minha, a terra (postulado).

Não existe "autonomia" científica ou filosófica no sentido de que o pensador possa basear a sua ciência ou filosofia em algo por ele originado de dentro da sua própria inteligência — processo esse que envolveria um círculo vicioso, ou uma *petitio principii*.

Ora, o eruditismo pseudocientífico dos séculos XVII e XVIII estava baseado essencialmente no completo empirismo intelectual, divorciado de qualquer postulado intuitivo. O que Rousseau chama "Natureza" não é senão o apelo para esse elemento intuitivo, não propriamente "irracional", mas pré-intelectual e, por isso, também ultra-intelectivo. Chegou à conclusão de que a vida humana baseada nesse alicerce puramente empírico-intelectivo atrofia a alma da vida, falsifica o ser humano — logo, deve haver erro nas premissas que subestruturaram essa conclusão inaceitável.

Ninguém pode deixar de ver que Rousseau foi, em muitos pontos, para o outro extremo, dando todos os direitos à intuição e negando-os todos ao intelecto.

No seu *Discurso sobre a desigualdade dos homens* inverte ele completamente a filosofia tradicional da história humana. Acreditava-se geralmente que o homem tivesse vivido, a princípio, em estado selvagem, ou semi-selvagem, e que as ciências e artes o tivessem soerguido paulatinamente a um nível superior. Rousseau afirma que o homem primitivo era bom e feliz e que a civilização o desgraçou. A Natureza pura era o "Paraíso" — a civilização é a expulsão desse Éden e o ingresso num mundo de "espinhos e abrolhos". A serpente do intelecto causou a desgraça do homem.

Thomas Hobbes havia defendido que o estado normal de todos os seres vivos, sem excetuar o homem, era o de "*bellum omnium contra omnes*" e que só com o advento da civilização foi estabelecida uma paz relativa entre os homens. Hobbes ensina que a função do governo é manter essa constante guerra de todos contra todos dentro de um certo limite tolerável, embora não seja possível estabelecer uma paz universal e duradoura, que, segundo ele, é contra a própria natureza humana.

Rousseau nega que o estado natural do homem seja o de guerra e luta, no sentido do filósofo britânico. Há, certamente, em todas as províncias da natureza orgânica, uma como que rivalidade e competição entre os indivíduos, necessária, porém, à evolução; mas não há guerra de extermínio. O que há é uma guerra de equilíbrio, sobretudo na natureza infra-humana. É necessário que uns seres devorem os outros para que a natureza como tal seja mantida e devidamente equilibrada. Essa luta é necessária para a harmonia cósmica.

O homem civilizado, porém, passou da guerra de *equilíbrio* para a guerra de *extermínio*; apostatou da natureza e inventou a civilização; desnaturalizou-se e acabou por artificializar-se a ponto de se adulterar completamente.

Tudo que é natural é bom — tudo que é desnatural é mau!

Virtude é harmonia com a natureza — vício é divórcio da natureza!

Freud, em parte, confirma a tese de Rousseau quando procura reduzir todos os complexos doentios a recalques de instintos naturais, feitos em nome da civilização. Se o homem tivesse a liberdade de ser o que é, não estaria doente nem seria infeliz, dizem os psicanalistas.

Há nessa tese de Rousseau e Freud, e de muitos outros, uma verdade profunda, talvez mais profunda do que muitos suspeitam.

Falta apenas saber o que é o homem, qual a sua verdadeira natureza que deva prevalecer. Se ele é, apenas ou de preferência, esse *Eu físico-mental*, como os empiristas supõem, o retorno à natureza significa uma coisa; se o homem é, antes de tudo, o seu *Eu racional*, ou espiritual, bem diferente será a solução, e, neste caso, não se pode, propriamente, falar de um "retorno", mas antes de um "descobrimento" ou duma "ascensão". "Conhece-te a ti mesmo!" "Sê fiel a ti mesmo!" — tudo isso pode ser interpretado de dois modos diversos, consoante ao que entendermos pelo Eu humano.

No século XIX prevaleceu a teoria contrária, sustentada sobretudo por Augusto Comte, isto é, o melhoramento individual e social do homem pelo conhecimento e pela civilização em geral. O lema "Ordem e Progresso", colocado em nossa bandeira pelos fundadores da República, é um eco dessa ideologia positivista.

Comte e os positivistas teriam, certamente, razão contra Rousseau e os naturistas (ou românticos) se "natureza" fosse apenas o nível primitivo do homem, e "civilização" significasse um nível superior. Mas, nem o regresso ao bruto, nem o progresso ao eruditismo civilizado solvem o problema central da humanidade; é necessário que o homem ultrapasse esses dois estágios, tanto o dos *sentidos* (natureza) como o do *intelecto* (civilização) e atinja as alturas da *razão* (cultura), que não exclui, mas antes inclui os dois anteriores. Todo *unilateralismo*, seja sensitivo, seja intelectivo, é falso e funesto — só o *onilateralismo*, representado pela racionalidade, é que é verdadeiro e benéfico.

Depois que o século XIX, com todo o seu materialismo e as suas misérias sociais, havia provado à evidência que a civilização intelectual e técnica não era o elixir da perene felicidade, surgiram novas vozes a favor de uma filosofia naturista, concebendo, porém, a natureza num sentido bem mais profundo e vasto do que o conjunto dos reinos mineral, vegetal e animal, ou a constituição físico-mental do homem. Thoreau e Emerson, nos Estados Unidos; Tolstói, na Rússia; Spengler, na Alemanha; Bergson, na França; os movimentos vigorosos do New Thought, da Self-Realization, do Neugeist e da Alvorada Cósmica, em nossos dias, são, em sua essência, gritos de retorno à alma da natureza, de dentro e de fora do homem.

2. Idéias políticas

No livro *O contrato social* expõe Rousseau o seu ideal político, razão por que foi banido da França e se refugiou na Prússia, donde, mais tarde, passou para a Suíça. O fundo desse livro é democrático, defende que a soberania do regime reside no povo, e não em algum autocrata. Ataca com violência a monarquia, preparando assim o advento da Revolução Francesa, cujo fim era derribar as duas monocracias do tempo, civil e religiosa.

Entretanto, a democracia que Rousseau defende é de caráter limitado. Não acha possível basear o regime na idéia da igualdade completa dos cidadãos. Segundo ele, mulheres e estrangeiros não devem ter voz ativa no destino do povo. O excesso de liberdade democrática põe em perigo a própria existência do regime; só deve haver democracia com liberdade limitada.

O ideal político de Rousseau aproxima-se da aristocracia eletiva da Inglaterra de seu tempo.

Revolução é, para o filósofo, um meio normal para promover o progresso do país. Nesse ponto, pode Rousseau ser considerado precursor de Marx e das teorias comunistas. Os chefes da Revolução Francesa, sobretudo Robespierre, tinham grande veneração por Rousseau.

3. Religião e ética

Segundo Rousseau, a *consciência* e a *emoção* são fatores essenciais da religião e da moral. A inteligência não pode atingir a Deus. Só pelo coração e pelo sentimento espiritual é que o homem pode ter noção de Deus e do mundo divino.

Não existe nenhuma classe de homens (sacerdotes) dotada de privilégios espirituais; qualquer pessoa pode entrar em contato direto com Deus, desde que venha a criar em si o necessário ambiente para essa experiência divina. Toda revelação vem de dentro, e não de fora. A religião não é nem católica nem protestante, é puramente natural e humana. O homem é tanto mais cristão quanto mais natural. O cristianismo é natural, e não sobrenatural. Rousseau afina inteiramente pela frase de Tertuliano de que "a alma humana é cristã por natureza".

Admite a existência e providência de Deus, bem como a imortalidade da alma. Todo homem que se recusasse aceitar essa religião natural deveria ser banido do país, ou mesmo executado, porque é um perigo social.

A religião não deve ser estudada, mas deve ser vivida. Escolas de filosofia e teologia para o estudo da religião prejudicam-na grandemente, porque fazem crer erradamente que só certas pessoas inteligentes ou eruditas sejam religiosas, por terem estudado determinadas teorias sobre a Divindade.

4. Educação

As idéias sobre a educação formam, talvez, a parte mais importante da sua filosofia. Influíram poderosamente nas ideologias de Pestalozzi, Froebel, Dewey e muitos outros. Revoltam-se contra toda espécie de formalismo, tradicionalismo e artificialismo educacionais.

Naquele tempo, o professor era um ditador, não somente quando ditava alguma composição literária, mas também quando decretava o que, na opinião dele, ou de seus mestres, era infalivelmente certo para todos os tempos e países. Só competia ao aluno aceitar cegamente o que lhe era ditado. *Magister dixit* era dogma e tabu. Todos os alunos, por mais diversos que fossem os seus gênios, deviam aprender o mesmo e do mesmo modo. A educação humanística, incluindo o estudo das línguas clássicas, latim e grego, era considerada indispensável para todos, mesmo para os que, mais tarde, nunca se servissem dessas disciplinas. Estudava-se para a escola e o exame, não para a vida.

Rousseau insiste na educação individual e natural. Educar não é encher de conhecimentos a cabeça do educando, em detrimento de seu corpo ou de sua alma. Homem perfeitamente educado é aquele cujo ser total — alma, mente e corpo — é desenvolvido paralela e harmoniosamente, com perfeito equilíbrio de todos os seus componentes.

Escritores famosos como Chateaubriand, Lamartine, Victor Hugo, Gautier, Musset, Marimée, todos eles sentiram o poder das idéias de Rousseau e, em grande parte, as aceitaram. Rousseau é um intérprete típico do subconsciente europeu do seu tempo, eloqüente locutor de gerações cansadas de áridos formalismos e ansiosas de uma naturalidade e de uma espontânea evolução do homem integral.

Neste sentido, não obstante seus erros e suas fraquezas de caráter, pode Jean-Jacques Rousseau ser considerado um poderoso fator cultural no drama da história da humanidade em marcha.

Reconstrução da certeza intelectual e intuitiva

Immanuel Kant (1724-1804)

1. Quadro panorâmico da filosofia de Kant

Kant nasceu em Königsberg, na Prússia Oriental; lá viveu e lá morreu aos oitenta anos. Não consta que tenha realizado alguma viagem maior, nem parece ter deixado a sua cidade ou província natal. Jamais se interessou seriamente por assuntos de amor ou família. Filho de uma família pietista protestante, descendente de velha estirpe escocesa, estabeleceu-se Immanuel Kant, desde a sua mocidade, numa modesta pensão da cidade universitária de Königsberg e criou o seu mundo próprio, interno, no qual viveu mais feliz do que muitos homens vivem no mundo externo. Nessa tranqüila solidão, passou o solitário pensador meio século, focalizando todas as suas atenções num único ponto: o *como* do conhecimento humano, o processo pelo qual o sujeito entra em contato com o objeto e como pode aquele adquirir certeza deste.

O homem inexperiente julga saber perfeitamente desse processo cognoscitivo, mas, quando alguém começa a analisar e anatomizar os íntimos tecidos e a função específica do pensamento humano, defronta-se com um mundo de mistérios, cada qual mais obscuro. A humanidade levou milhões de anos para desenvolver os órgãos físicos que servem de veículo a esse processo — e que admira que o estudioso leve meio século para investigar, mesmo imperfeitamente, a entrosagem das peças e o modo específico como o sujeito cognoscente entra em contato com o objeto cognoscível e possivelmente conhecido?

A ciência e a filosofia da Europa, nessa primeira metade do século XVIII, estavam se ressentindo do veemente abalo causado por duas correntes ideológicas opostas: a escola empírica, que culminara no ceticismo universal de David Hume e seus discípulos, e, por outro lado, o romanticismo filosófico, que encontrou em Jean-Jacques Rousseau um dos seus mais eloqüentes intérpretes e defensores.

Seria possível reconciliar essas duas ideologias, à primeira vista diametralmente opostas?

Como é que o sujeito cognoscente entra em contato com o objeto cognoscendo e cognoscível? Por meio dos sentidos e do intelecto — ou por meio do coração e dos sentimentos?

Immanuel Kant, estranha mescla de intelectualismo e misticismo, de inteligência e coração, reconheceu como sua missão peculiar neste mundo esclarecer esse ponto obscuro e dar às gerações futuras de todos os séculos as bases sólidas para uma certeza tanto científica como espiritual. E, no fim de uma longa e metódica vida, deixou o mundo com a convicção tranqüila e serena de ter dado cabal desempenho à magna tarefa a que metera ombros.

Kant é, até hoje em dia, o ponto de partida das mais poderosas e controvertidas ideologias científico-filosóficas que se digladiam em torno do conteúdo das duas obras máximas que o mestre legou à posteridade, a *Kritik der reinen Vernunft* (*Crítica da razão pura*) e a *Kritik der praktischen Vernunft* (*Crítica da razão prática*).

Convém saber, antes, que Kant se serve duma terminologia típica, muitas vezes de difícil compreensão para os não-iniciados nesses trâmites. Assim, o que ele chama "*reine Vernunft*" (razão pura) é o intelecto analítico que se serve da matéria-prima fornecida pelos sentidos para arquitetar o seu mundo científico, subestruturado pelo princípio da causalidade interfenomenal. O que ele entende pela "*praktische Vernunft*" (razão prática) é a faculdade intuitiva do nosso ser, mais ou menos o *coeur* de Pascal, o *Gefuehl* de Schleiermacher, a *émotion* de Rousseau, o *élan vital* de Bergson, ou seja, algo parecido com a "consciência" dos moralistas e a "fé" dos livros sacros da humanidade. É dificilmente definível essa faculdade porque, a bem dizer, o gênero humano — salvo raras exceções — não atingiu ainda esse estágio de evolução da chamada "razão prática", que apreende o seu objeto, não analítica e sucessivamente, como a "razão pura", mas sintética e simultaneamente, como que num lampejo súbito ou numa visão instantânea, fora do tempo e do espaço.

Kant é um exemplo típico de como o mais agudo intelectualismo pode ir de mãos dadas com o mais alto misticismo. E isso pela razão única de que, no fundo, a genuína intelectualidade pode conduzir à verdadeira mística, embora os inexperientes pensem precisamente o contrário. Deus é a "razão pura" (o eterno *Logos*) — e é também a "razão" prática (o infinito Amor).

Pela "razão pura", baseada nos dados empíricos dos sentidos, adquire o homem noção do mundo externo, fenomenal, concreto, individual, finito, relativo — e isto é "ciência"; pela "razão prática", entra o homem em contato com o mundo interno, numenal, abstrato, universal, infinito, absoluto — e isto é "sapiência" ou sabedoria, no mais alto sentido do termo.

A "razão pura", operando com *fatos quantitativos* (tempo e espaço), reflete a ciência.

A "razão prática", guiando-se pela visão de *valores qualitativos* (eternos e infinitos), é a voz da consciência[1].

Tentaremos concretizar num diagrama esse dúplice aspecto da filosofia kantiana:

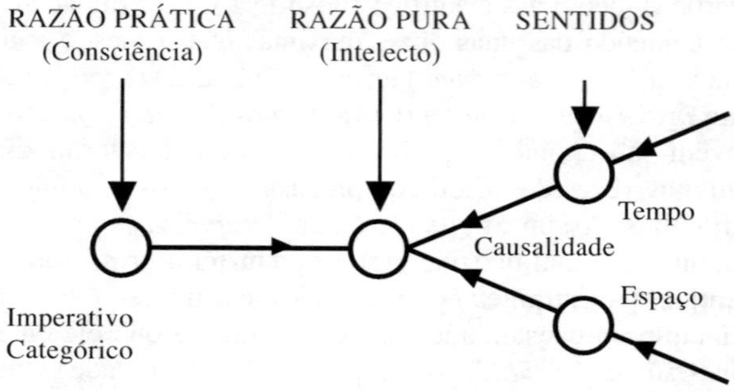

Nessa figura vemos que o conhecimento do mundo circunjacente começa pelos sentidos. Daí, as percepções múltiplas, oriundas dos objetos eternos e sujeitas à categoria dual de tempo-espaço, são veiculadas pelos sentidos rumo à concepção da "razão pura" (intelecto), que, mediante a categoria da causalidade, reduz a vasta pluralidade

---

[1] As palavras "ciência" e "consciência" insinuam maravilhosamente essa dupla função: a "con-ciência" é uma "ciência em conjunto", algo que o homem conhece em companhia — com quê? Com o Todo, o Absoluto, o Universal. Assim, a "ciência" reflete o mundo individual dos fatos — ao passo que a "concorrência" cria o mundo universal dos valores. (N. do A.)

das percepções tempo-espaciais dos sentidos a uma relativa unidade focalizada na faculdade intelectiva.

David Hume percebeu, graças à agudeza que lhe era própria, que nem dos objetos múltiplos nem da percepção individual dos mesmos podia nascer uma verdadeira unidade, e sem essa unidade não há certeza científica; mas o pensador empírico da Escócia não ultrapassou a fronteira dessa verificação da multiplicidade sem unidade, dessa probabilidade sem certeza, como ele diz.

Immanuel Kant, por sua vez, admite com Hume que, de fato, da mera multiplicidade dos objetos e da individualidade das percepções sensitivas não pode surgir nenhuma unidade, e, por isso, nenhuma certeza. Entretanto, o eremita de Königsberg passa além de Hume: graças a um "golpe de intuição", descobriu que a unidade não vem *de fora*, dos objetos, mas *de dentro*, do sujeito. Assim como tempo e espaço não são objetos de conhecimento, mas modos de conhecer, da mesma forma é também a causalidade uma categoria inerente ao próprio sujeito cognoscente, isto é, à "razão pura", ao intelecto. Assim como os sentidos percebem tudo através do *binóculo* de tempo e espaço, a "razão pura" concebe tudo através do *monóculo*, ou telescópio, da causalidade. Kant não acha necessário que a causalidade exista lá fora, na natureza; basta que exista cá dentro, no homem.

Mas, dirá alguém, não é isso subjetivizar todos os objetos? Não é isso abrir as portas a um perigoso "idealismo metafísico", a um permanente e universal "ilusionismo subjetivo", como, de fato, concluiu a ala idealista (Fichte, Schelling, Hegel, etc.) da falange kantiana? O mestre, porém, responde que o sujeito é também um objeto como os outros objetos do mundo externo; e, se o sujeito foi creado pela natureza com essa categoria inseparável da causalidade, por que negar a essa categoria o valor objetivo? Uma faculdade subjetiva natural é tão objetiva como outra coisa qualquer; deixaria apenas de ser objetiva se fosse produto arbitrário do sujeito, o que não acontece no caso em apreço.

Tempo e espaço como categorias sensitivas, e causalidade como categoria intelectiva — isto são, para Kant, inabaláveis postulados *a priori*, pré-analíticos, e não conclusões ou demonstrações *a posteriori*, pós-analíticos. Aqui Kant pontifica com absoluto dogmatismo filosófico, ele, o grande antidogmatista: os seus *discípulos* devem, antes de tudo, ser crentes; devem aceitar a palavra do mestre como expressão da verdade — "*autós épha!*" (ele mesmo disse), como diziam os adeptos do velho Pitágoras —, e estava terminada a questão.

Como é que Kant, certamente contrário a qualquer espécie de *autós épha, magister dixit, Roma locuta, causa finita*, ou outro dogmatismo qualquer, como é que ele chega a estabelecer esse dogma da aprioridade de tempo-espaço e da causalidade? Simplesmente porque sem esse duplo apriorismo não seria possível nenhum conhecimento verdadeiro, nenhuma certeza real; mas, como a humanidade sensata está convencida de que há conhecimento certo, sem o qual a vida seria impossível, segue-se que deve haver uma unidade conceptual para além da multiplicidade perceptiva, e, como essa unidade não pode ser filha da pluralidade, deve-se transferir o fator unificante para dentro do sujeito cognoscente, uma vez que não existe no objeto cognoscível. Quem admite a correção desse raciocínio dificilmente poderá fugir à conclusão que Kant tira dessas premissas.

A parte sensitivo-intelectiva do nosso diagrama mostra as flechas voltadas da direita para a esquerda, de fora para dentro, dos sentidos para o intelecto, da multiplicidade para a unidade. Quer isso dizer que sentidos e intelecto são como que refletores ou espelhos de fatos externos; são entidades estáticas, receptivas, e não dinâmicas, criadoras.

Se, porém, passarmos para a segunda metade da figura, representada pela parte esquerda do nosso diagrama, temos de voltar as setas em sentido contrário para simbolizar a verdade — por quê? Porque a "razão prática", ou consciência (coração), não atua como simples refletor ou espelho *estático-receptivo*, veiculando fatos externos; atua como uma potência *dinâmico-criadora*. A ciência brota de *fatos objetivos* — a consciência trata de *valores subjetivos*. Aquela opera no âmbito do mundo *impessoal*, das coisas inconscientes — esta atua nas profundezas do mundo *pessoal*, dos seres conscientes e livres.

O intelecto (ciência) é como que um *termo de chegada*, um ponto final, onde termina o impacto de fatos externos quantitativos — mas a razão (consciência) é comparável a um inicial, onde começa algo de interno, novo, original, inédito, um *fiat* creador.

A *ciência*, voz do intelecto, reflete fatos *impessoais* — a *consciência*, voz da razão (prática) cria valores *pessoais*. Por isso, o homem não é bom pelo que recebe intelectualmente (pode ser até positivamente mau), mas é bom pelo que dá espiritualmente. É significativo que nenhuma religião prometa o céu aos *inteligentes*, mas, sim, aos *bons*.

Em alguns capítulos do seu maravilhoso livro *Aus meinen späten Jahren*, publicado em 1952, bem como na obra anterior *Mein Weltbild*, expõe Einstein a diferença entre ciência e religião (ética), dizendo, em síntese, que a ciência trata *daquilo que é* ("*das was ist*"), e não *daquilo que deve ser* ("*das was sein soll*"), que é da alçada da religião. Quer dizer, a ciência descobre os fatos do mundo externo, ao passo que o homem ético e espiritual cria os valores do mundo interno. Suponhamos, continua o grande analista do Universo, que um homem tenha descoberto todos os segredos da natureza e possua todos os conhecimentos do universo fenomenal — seria esse homem, por isso mesmo, realmente bom e intimamente feliz? Não, responde Einstein, embora não negue que esse conhecimento de fatos objetivos lhe possa servir de auxílio e degrau para adquirir a verdadeira bondade e felicidade subjetiva; porquanto o que faz um homem realmente bom e feliz não são os *fatos* de que ele é *descobridor*, mas os *valores* de que é *criador*, uma vez que aqueles não passam de *quantidades recebidas*, ao passo que estes são *qualidades produzidas*.

Também aqui poderíamos aplicar as conhecidas palavras de São Paulo atribuídas a Jesus: "Há mais felicidade em *dar* do que em *receber*". Não me faz bom nem mau aquilo de que sou objeto, mas unicamente aquilo de que sou sujeito. Poderíamos até afirmar, ousadamente, que Deus não seria bom e feliz se fosse apenas um refletor estático de realidade — o que o faz realmente bom e feliz é o fato de ele ser um creador dinâmico de valores internos, se assim se pode dizer; pedimos ao leitor que leia mais, com a intuição, o que vai nas entrelinhas, do que, com os olhos, o que cai nas linhas dessa afirmação.

Einstein termina dizendo: "*Naturwissenschaft ohne Religion ist lahm — Religion ohne Wissenschaft ist blind*" (ciência sem religião é coxa — religião sem ciência é cega). De fato, conhecer apenas os fatos objetivos equivale a uma luz fria, luz sem calor e sem força — como, por outro lado, querer criar valores subjetivos, religiosos e éticos, sem o devido conhecimento dos fatos, equivale a correr às cegas. Não adiantam trilhos bem alinhados sem locomotiva — como pouco vale uma locomotiva sem trilhos. Luz sem força cria inteligências luciféricas — calor sem luz gera vontades fanáticas.

Verdade é que, no sistema kantiano, as linhas da "razão pura" e da "razão prática" parecem correr paralelas, sem o menor contato uma com a outra, e, no mundo dos finitos, não há mesmo contato possível entre duas paralelas, como nos diz a geometria euclidiana; no Infinito, porém, essas duas paralelas se encontram, uma vez que, num mundo sem espaço, elas coincidem necessariamente — e deixam de existir como linhas.

Podem, pois, as duas paralelas da "razão pura" e da "razão prática" correr distantes uma da outra neste mundo fenomenal — no mundo numenal elas serão como duas linhas convergentes, e, por fim, como duas linhas fundidas num ponto indimensional.

O intelectualismo kantiano, quando levado ao infinito, culmina logicamente em misticismo.

De fato, tanto o mais radical dos intelectualismos como o mais intenso dos misticismos podem ser retraçados à nascente do solitário pensador pietista de Königsberg.

2. Imperativo categórico — e imortalidade

A voz dos valores que devem ser realizados pelo homem revela-se no chamado "imperativo categórico" de Kant.

Donde vem esse imperativo, essa ordem categórica "Tu deves!"?

Antes de tudo, não vem de fora do homem; não é alguma imposição legal, política, militar, física; nem é um dogma eclesiástico, sectário.

O imperativo categórico vem de dentro do homem. Não do seu Ego *personal* (físico-mental), mas do seu Eu *individual*, que é o refletor da Realidade *universal* (espiritual), das profundezas da sua razão prática, do coração, da consciência.

O imperativo de qualquer *ciência* não passaria de *condicional* — mas o imperativo da *consciência* é *categórico*. O que nasce no relativo é relativo — o que nasce no absoluto é absoluto. A ciência diz o que é *realizado* — a consciência ordena o que é *realizável*. O realizado consta de *fatos objetivos* — o realizável crea *valores subjetivos* porque é o eco do Real, do Absoluto.

Se o imperativo categórico fosse produzido pelo Ego *personal* do homem, poderia ser abolido ou modificado pelo homem, no caso em que se revelasse molesto ou inútil. É, todavia, experiência universal que o homem não pode sopitar, plena e definitivamente, a voz da consciência, por mais que tente e pertente. Quando o homem aberra de certas normas éticas por ele conhecidas como tais, a consciência se torna uma potência hostil dentro dele: consciência *versus* ego!

Para alguns, a norma ética da vida humana é, ou antes, parece ser, a *Igreja* ou alguma sociedade religiosa admitida como guia infalível.

Para outros, é a *Bíblia*, ou outro livro sacro da humanidade.

Kant não admite nem a Igreja nem a Bíblia nem livro sacro algum como último ponto de referência e bússola norteadora da vida, embora reconheça que entre os membros das Igrejas e os autores dos livros sacros tenha havido e haja certo número de pessoas eticamente bem orientadas.

Para Kant, a norma suprema da ética é a *consciência*, eco humano de uma voz divina.

Tem-se dito que Kant estabelece uma norma ética subjetiva e, portanto, incerta e relativa; que é o próprio homem que a si mesmo se impõe um dever, um dever a ser por ele cumprido; que o homem é tanto o legislador como o executor da sua lei, o que implicaria uma espécie de círculo vicioso ou *repetitio principii*; pois se o Eu elabora e promulga uma lei para o próprio Eu, por que não poderia esse Eu revogar e abolir a lei promulgada? Quem faz pode desfazer o que fez. Quem diz pode desdizer o que disse.

Diz-se que o imperativo categórico de Kant é *autônomo* (*autós* = ele mesmo, *nómos* = lei), quando a verdadeira norma ética deve ser *heterônoma* (*héteros* = alheio), que uma norma criada *pelo homem* não tem força obrigatória *para o homem*, como tem uma norma imposta por Deus ou pela Consciência Cósmica.

Essa objeção, aparentemente procedente, não procede; Kant não estabelece uma norma ética *personal*, *autônoma*, no sentido exposto; o seu imperativo categórico é genuinamente *universal*, ou, se quiserem, *heterônomo*. Como assim? Porque não nasceu nem foi promulgado pelo Ego *personal*, físico-mental, que, sendo visceralmente egocêntrico, procura necessariamente as vantagens do Ego. É o Eu universal, eterno e absoluto, Deus dentro do homem, que legisla e proclama a soberana e inviolável sacralidade do imperativo ético: Tu deves! Esse dever não é, pois, ego-imposto, mas teo-imposto. Minha consciência não é a voz do meu Ego *personal*, mas é a voz do meu Eu universal, do meu Cristo interno, do reino de Deus dentro de mim, a voz de Deus no homem. Se assim não fosse, não se explicaria como a consciência possa entrar em conflito com os interesses do Ego personal. É possível até que o imperativo categórico exija, com inexorável soberania, a morte e a destruição do ego humano, a fim de salvaguardar a integridade ética da individualidade; ou, na frase lapidar do Nazareno, deve o homem estar pronto para perder a vida, a fim de a salvar —

quer dizer, sacrificar o seu Ego personal — para salvar o seu Eu universal, sua alma. Se o imperativo fosse a expressão do Ego personal, em caso algum poderia essa voz entrar em conflito com os interesses e gostos desse Ego.

A voz do imperativo categórico de Kant é, pois, a voz de Deus dentro do homem, ou seja, a voz do Eu espiritual (alma) dentro do Ego físico-mental (corpo e intelecto). E vai nisso algo de majestoso e sublime. O homem intimamente convencido de que, por cima de todo o caos e no meio de todas as tormentas de interesses pessoais em litígio, impera, soberano e indestrutível, o cosmo e a bonança dinâmica da eterna Verdade e Retitude, esse homem pode viver em perfeita paz e serenidade interior, aconteça o que acontecer ao redor dele; porquanto o seu verdadeiro Eu não é vulnerável de fora; a única vulnerabilidade poderia vir de dentro, por culpa do sujeito, mas essa pode ser evitada pelo Eu consciente e livre. A única coisa que compete ao homem é manter a barquinha da sua vida invariavelmente norteada pela estrela polar dessa norma universal, eterna, absoluta, infalível.

De fato, a vida inteira do solitário eremita de Königsberg, humanamente monótona e descolorida, foi uma vida intimamente feliz, como a de Spinoza, embora Kant não sofresse os duros reveses do seu colega de Amsterdã. A tal ponto se lhe arraigara na alma essa convicção de que tudo depende da obediência incondicional ao imperativo categórico do dever, que nada que lhe viesse de fora o podia fazer infeliz, uma vez que a única fonte e centro da felicidade estavam dentro dele.

A sua ética, de volitiva, passara a ser racional. A sua virtude culminara em sabedoria. Para ele, ser-bom era ser-feliz.

Pode-se dizer que Kant é um dos maiores estóicos da filosofia contemporânea.

Em caso de dúvida sobre a liceidade ou iliceidade ética de algum ato, manda Kant que o homem se pergunte a si mesmo: se isto que estou para fazer se tornasse, por isso mesmo, lei universal, seria bom ou mau para a humanidade? Se a consciência responde que seria mau para a humanidade, é certo que também é mau para o indivíduo humano e não deve ser feito.

Isso, como se vê, é um recurso do Supremo Tribunal, do qual não há apelação para instância superior. Existe, para Kant, uma espécie de Constituição Cósmica, e esta se revela no imperativo categórico do dever da alma humana.

Todas as coisas infra-humanas, sentencia ele, podem ser usadas como meios para outro fim — mas o Eu humano nunca pode servir de meio para outro fim, porque encerra em si mesmo a sacralidade de um fim não subordinado a outro fim.

* * *

Por esses trâmites chega o filósofo a criar dentro de si uma certeza espontânea e intuitiva da imortalidade.

Como assim?

Ora, como, em muitos casos, a obediência ao imperativo categórico implica uma perda de todas as vantagens temporárias, ou até a destruição do Ego personal, é claro que essa voz, que tal sacrifício exige, fala em nome de um mundo superior, porque seria intrinsecamente absurdo e monstruoso que uma voz inextinguível fizesse valer as realidades de um mundo maior, se esse mundo não existisse, mas fosse simples miragem ilusória e fantástica ilusão de ótica. Se assim fosse, o mundo não seria um cosmo, mas um caos — e Deus seria um satã.

Ser-bom deve, em última análise, ser idêntico a ser-feliz; se no mundo físico-mental não existe essa perfeita identidade, deve ela existir num outro mundo. Por detrás da soberania e sacralidade do imperativo categórico, como se vê, existe um *postulado cósmico*, isto é, uma suposição ou evidência tácita de que o mundo é, de fato, um sistema de ordem e harmonia, e não uma babel de desordem e confusão. A filosofia de Kant só pode ser entendida sobre a base geral da "racionalidade do universo". É claro que, se alguém persiste em não admitir esse postulado e essa racionalidade cósmica, não pode reconhecer a força do imperativo categórico como prova da imortalidade. Esse homem, porém, não tem voz ativa em discussão alguma, porque paira no vácuo amorfo do ceticismo universal.

Não há ciência, filosofia ou religião sem a admissão de um postulado pré-analítico, de uma realidade imediatamente evidente e intuitiva em si mesma.

Quem nada supõe nada pode provar.

Filosofia do absoluto

Georg Wilhelm Friedrich Hegel (1770-1831)

1. A divinização do Estado

Hegel, por estranho que talvez pareça, veio a tornar-se, nos últimos séculos, o filósofo clássico de todos os totalitarismos estatais e políticos, tanto dos da direita (nazismo) como dos da esquerda (comunismo). A sua ideologia culmina nessas alturas, embora tenha uma vasta subestrutura não-estatal puramente metafísica, filosófica, ética, social.

Partindo da concepção kantiana, chega à conclusão de que tanto mais real é uma coisa quanto menos *individual* e quanto mais *universal* — justamente o contrário do empirismo, que ele detesta de todo o coração e desacredita o mais possível. O real é, para Hegel, o universal. Hegel é *antiaristotélico* e *ultraplatônico*. Não afirma, todavia, o universal sobre a base metafísica do pensador ateniense, mas antes sobre a base física do filósofo germânico de Königsberg.

O real está na razão direta do universal — e na razão inversa do individual.

Kant provara que os objetos dos sentidos, condicionados pelas categorias subjetivas, *a priori*, de tempo e espaço, são precariamente reais, quase irreais, uma vez que nada sabemos da coisa em si mesma (*das Ding an sich*), senão apenas dos seus reflexos tempo-espaciais nos sentidos. Além disso, esse mesmo reflexo tempo-espacial veiculado pelos sentidos para dentro da "razão pura" (intelecto) é, mais uma vez, subjetivizado pela categoria *a priori* da causalidade inerente à faculdade intelectiva. Por onde se vê quão precário é, para o sujeito cognoscente, o mundo cognoscível dos sentidos e do intelecto. Sobra apenas uma tenuíssima camada de objetividade, depois de coarmos esse mundo tempo-espacial-causal através dessas várias categorias subjetivas.

O menos precário, o mais real dos mundos cognoscíveis é o da "razão prática", isto é, o mundo dos valores éticos, aquilo que o homem *cria* e *produz* e não simplesmente *descobre*. A ciência, condicionada pelos sentidos e pelo intelecto, trata, na frase de Einstein, "*daquilo que é*", ao passo que a consciência ("razão prática") se ocupa "*daquilo que deve ser*". O mundo dos sentidos e do intelecto é, a bem dizer, *estático*, refletido — ao passo que o mundo da razão (prática) é *dinâmico*, produtor.

Por esses trâmites, chega Hegel à sua tríplice divisão:

1) espírito *subjetivo*;

2) espírito *objetivo*;

3) espírito *absoluto*.

O subjetivo é o individual.

O objetivo é o social.

O absoluto é o universal.

Na base da pirâmide está o *Ego individual*, máximo na quantidade, mínimo na qualidade.

Em seguida, acima dessa base, está o *Nós social* (a sociedade, o Estado), menor em quantidade, maior em qualidade.

No vértice da pirâmide está o *Todo universal* (Deus), nulo em quantidade, infinito em qualidade.

Segue-se que o menos importante, ou ínfimo, na escala ascendente de valores, é o indivíduo, a pessoa humana; acima dele está a sociedade civil, ou, na sua forma mais perfeita e valiosa, o Estado nacional. Por cima do indivíduo e do Estado está Deus, com o qual o indivíduo está em contato por intermédio do Estado, emissário e arauto da Divindade perante os componentes da sociedade estatal. O Estado é o superior imediato do indivíduo, Deus é o superior absoluto do Estado e do indivíduo. O Estado é, pois, o representante de Deus, o Deus presente, na sociedade civil[1].

O Estado é, pois, proclamado por Hegel como o supremo representante visível do Deus invisível. No princípio era o Espírito Absoluto

---

[1] Se Hegel tivesse sido católico romano, não teria deixado de descobrir na *Summa theologiae*, de Tomás de Aquino, o mesmo sistema ideológico, com a diferença apenas de que, para o teólogo romano, o Estado se chama Igreja (praticamente, o chefe supremo da mesma, o Papa); e, como Luís XIV disse "*L'Etat c'est moi*" (Eu é que sou o Estado), assim poderia também o chefe da Igreja dizer: *Ego sum Ecclesia* (Eu é que sou a Igreja). (N. do A.)

(Deus) — e o Espírito Absoluto se fez carne, se materializou no Espírito Objetivo (o Estado), ao qual foi dado o poder na terra. Deus, o eterno e absoluto, se temporalizou e relativizou na forma do Estado. O Estado pode ser identificado com a *Razão Prática*, cem por cento objetivo, fonte e veículo, aqui na terra, de todos os valores do indivíduo, que é apenas uma como que concretização da Razão Pura, precária, imperfeita, subjetiva.

Assim como o Absoluto deve governar o Objetivo, assim deve o Objetivo dominar o Subjetivo.

Hegel estabeleceu uma hierarquia de valores em linha ascendente.

É perfeitamente lógico que ele seja inimigo mortal do *empirismo* filosófico, que culmina logicamente na *democracia* estatal na esfera política, e no *protestantismo*, no plano espiritual, do qual Hegel não trata explicitamente.

Que é democracia? É *massa* sem *elite*, *quantidade* sem *qualidade*, *horizontalidade* sem *verticalidade*, *ampère* sem *voltagem*, *matéria* sem *força*, *multiplicidade* sem princípio de *unidade* — tudo isto resulta logicamente das premissas hegelianas.

O que confere unidade, coesão e dinâmica a um povo não são os indivíduos, os cidadãos, mas é o governo, praticamente idêntico ao Estado (*L'Etat c'est moi* é cem por cento hegeliano). É o governo que reduz a pluralidade quantitativa do povo a uma unidade qualitativa — e só da unidade se pode esperar ordem e progresso.

Para que tal aconteça, explica Hegel, é necessário que haja, da parte do Estado, *autoridade absoluta* e, da parte do povo, *obediência incondicional*. Os cidadãos do Estado hegeliano são *súditos* (servos, submetidos) no verdadeiro sentido da palavra. Mestre Kant dissera que a pessoa humana nunca podia ser considerada um meio, mas sempre um fim; Hegel rejeita categoricamente essa máxima, proclamando o princípio de que todo indivíduo humano é um meio com relação à sociedade estatal. O fim supremo, aqui na terra, é o Estado — o indivíduo não passa de um meio, de uma roda na grande máquina estatal, roda que só tem serventia e finalidade enquanto funciona como parte integrante daquele Todo, que é o Estado. A personalidade não tem valor intrínseco, autônomo, independente do organismo social, assim como a existência e função de cada célula do nosso corpo é condicionada e valorizada pela função orgânica que ela exerce no Todo orgânico.

Servindo-nos de terminologia aristotélica, poderíamos dizer que, segundo Hegel, a pessoa humana é *matéria*, ao passo que o Estado é *forma*. Aquela é um valor meramente *potencial* antes de atualizada por este. O Estado valoriza o indivíduo valorizável.

Em face disso, é claro que a pessoa não tem nem pode ter *direito* algum contra o Estado. O governo estatal, não sendo eleito pelo povo, também não pode ser deposto pelo povo, como não tem de prestar contas de seus atos ao povo. Tem de dar ordens, e não recebê-las.

Verdade é que o Estado é responsável perante Deus — mas quem pode julgar se o Estado cumpriu ou não cumpriu a sua função? Não são, certamente, os indivíduos, nem a soma total deles. Destarte, o Estado não pode jamais ser censurado pelo povo.

A ditadura estatal excogitada por Hegel é perfeita, razão por que todos os totalitários, da direita e da esquerda, o consideram, implícita ou explicitamente, o filósofo máximo do absolutismo estatal com fundo *espiritual-místico*. Sem esse *background* de *mistério* e espiritualidade, nenhuma teoria político-estatal tem esperança de lograr sucesso; um ditador que não apele para algo *ignoto* e *misterioso*, do qual ele se dá como arauto e embaixador, não conhece a psicologia das massas e está derrotado antes mesmo de iniciar a sua obra. Aníbal, Alexandre Magno, Júlio César, Napoleão Bonaparte, Gêngis Khan, Lenin, Hitler, Mussolini, o Micado japonês — todos eles se apresentaram ao povo como encarnações do "Espírito Absoluto", fosse qual fosse o nome que dessem a essa suprema Realidade. É esta a filosofia político-mística de todos os totalitários.

Dificilmente se pode afirmar que as democracias tenham uma filosofia. Sofrem da horizontalidade a-filosófica, da banalidade a-mística; são terra por demais devassada para que possam despertar grandes entusiasmos e revolucionar as íntimas profundezas da alma humana. Nos últimos tempos, o nazismo culminou numa verdadeira mística estatal, baseada na mística biológica do sangue ariano. O comunismo não está longe disso. Onde não há mística e mistério não há força, dinâmica, fascinação, entusiasmo, audácia realizadora. Se o *cristianismo* não fosse a suprema mística, nada teria feito de grande na face da terra; se ele fosse apenas uma inteligente sistematização de grandes idéias meridianamente devassadas ou devassáveis, seria fraco e insípido. Mas as raízes do cristianismo se embebem no Misterioso, no Infinito, no Divino — o cristianismo é, propriamente, o Cristo, aquilo que ele *é*, e não apenas aquilo que ele *disse*; o cristianismo não é o Evangelho, o cristianismo é o Cristo, em toda a sua misteriosa profundidade e sublimidade. Para haver mistério e força deve haver essa verticalidade, que vem de incógnitas alturas e vai a ignotas profundezas. A alma humana é naturalmente cristã e adivinha no mistério a sua verdadeira pátria de origem e o termo final da sua jornada. A superstição das religiões primitivas não é senão o mal-entendido pendor do misterioso, um mistério-tropismo desencaminhado. Por mais estranho que pareça, é mais fácil matar a religião pela deficiência do que pelo excesso de mistério; o meio mais seguro para acabar com a religião é a tendência a racionalizá-la, ou melhor, intelectualizá-la plenamente. Religião plenamente *intelectualizada* e inteligível é religião-cadáver. Nunca ninguém morreu voluntariamente por motivos entendidos; o intelectualista é a-religioso, irreligioso, ou até anti-religioso. Assim como um Deus intelectualmente compreendido é um pseudodeus, um simples fetiche do intelecto luciferino — assim é também uma religião, plenamente devassada pela inteligência, uma pseudo-religião, um cadáver de religião.

Disso sabem todos os ditadores, no plano político-estatal. Se não falam em nome do povo, como os chefes democráticos, também não falam propriamente em seu nome individual, como os ditadores intelectuais — falam sempre em nome do Absoluto, do Infinito, do Eterno, do Todo, do Misterioso. A sua voz é uma voz que vem das trevas da meia-noite, ou das alturas do céu estrelado. Todos eles sabem que não basta fazer compreender às massas o que devem fazer — é necessário dar-lhes a força para fazerem de fato o que o ditador quer. A compreensão meridiana dos fins é até prejudicial à vitória; é preferível que o súdito compreenda apenas certa porcentagem desses fins, porque essa semicompreensão favorece mais uma pleni-realização do que a plenicompreensão.

Os chefes democráticos pecam, geralmente, por uma *hipertrofia do intelecto* e uma *hipertrofia do coração*: querem que os cidadãos compreendam meridianamente os fins do Estado e que, depois, cada indivíduo se guie por essa luz; esquecem-se porém de que essa luz, por mais abundante, não gera uma força correspondente — e assim criam uma geração de videntes aleijados, como o ditador, não raro, cria uma geração de atletas cegos.

Se a humanidade tivesse atingido o estágio final da sua evolução — que chamamos cosmocracia —, é claro que a *força de agir* seria igual à *luz do compreender*, e a monocracia dos totalitários coincidiria com a democracia das repúblicas. Mas a humanidade de hoje está longe de ser cosmocrática, isto é, capaz de se governar a si mesma pela voz da própria consciência sintonizada com o Infinito.

* * *

O que acontece no plano da religião e da política acontece também na esfera da *vida individual*. Basta que o homem devasse os íntimos recessos de uma coisa ou pessoa para que esse objeto ou pessoa deixe de exercer a atração e o fascínio que antes exercia, quando mais adivinhado que conhecido. Mais nos interessa o que obscuramente vislumbramos do que aquilo que meridianamente enxergamos. O fator "mistério" gera admiração e sem admiração não há nada de belo e atraente. O homem incapaz de se admirar de algo é um homem desvirtuado, banalizado, insípido, e uma humanidade feita desse material seria a coisa mais tediosa e insuportável que se possa imaginar.

A fascinação máxima está no mistério, nos abismos, na escuridão, no ignoto. Mesmo no mundo puramente físico, não existe verdadeiro encanto sem mistério; uma paisagem onde faltem recantos *ignotos*, *penumbras*, *trevas*, *abismos*, *florestas*, *montanhas*, *mares* ou quaisquer outros fatores que mais façam adivinhar obscuramente do que possam ser vistos claramente — essa paisagem não é interessante para quem ainda conserve o senso natural do fascínio. Também nesse ponto, deve o homem ser *como as crianças*, para as quais tudo é misterioso, fascinante, milagroso, porque desconhecido. A criança não quer saber por que fadas, anões, duendes, sacis e outros produtos da imaginação fazem isto e aquilo; o que são, donde vêm, para onde vão — a criança se delicia no milagroso e misterioso mundo de mundos incógnitos.

Mais ainda aparece esse mistério-tropismo no convívio social das pessoas *adultas*. Alma humana totalmente devassada deixa de ser interessante; aliás, é uma espécie de sacrilégio exigir que uma pessoa, por mais íntima, nos escancare as portas secretas do seu santuário interior e sem reservas ponha sobre a mesa as cartas dos refolhos íntimos da sua personalidade humana — seria uma espécie de estupro ou prostituição compulsória. Há casados que se julgam donos e proprietários da outra parte conjugal, em vez de a considerarem amiga e aliada; ignoram que qualquer ser humano, antes de ser masculino e feminino, é personalidade, e que nenhuma intimidade sexual deve eclipsar a personalidade humana. Onde não existe pelo menos um resto de incógnito personal, ali está o amor conjugal em vésperas de desamor, ou até de verdadeiro desprezo e ódio. O mistério é a base necessária para estima e reverência, sem as quais todo amor é trivial ou nulo. É uma "castidade", um "pudor" indispensável ao amor, à beleza, à felicidade.

As democracias, como dizíamos, sofrem da falta de mística, de profundidade e verticalidade; são tediosamente horizontalistas. Donde vem o poder do Presidente? Naturalmente, do povo, de mim, do meu vizinho, da direita e da esquerda, do meu compadre A, da minha comadre B — que mistério há nisto? O Presidente duma república democrática é terra devassada, e por isso banal e desinteressante.

O monarca antigo e o ditador moderno — ambos monocráticos — são personalidades misteriosas; alguns se arvoram em verdadeiras divindades, como o Micado do Japão e os antigos imperadores de Roma. Hitler era um homem tragicamente misterioso, o "homem subterrâneo", diria Dostoiévski. Falava como emissário de Deus e fazia o possível para se aureolar de um halo de fascínio e prestígio sobrenatural, aparecendo, não raro, como profeta e messias. A própria palavra *Führer* (guia, condutor) revela essa tendência. Em 1933 era a Alemanha um país totalmente derrotado; perdera a Primeira Guerra Mundial; seguiu-se um período de anarquia e guerras civis que destruíram o pouco que ainda estava em pé; a frota mercante e a marinha de guerra estavam no fundo do mar ou em poder dos vencedores; todas as colônias, perdidas; a zona carbonífera do Ruhr e do Sarre, ocupada pela França; dívidas enormes oprimiam o país, praticamente falido; e, pior de tudo, desânimo, pessimismo, por toda parte; suicídios aos milhares; milhões de desempregados completavam o quadro de desolação e decadência. Isso ainda em 1933 — quando um homem temerário se apoderou do governo. E, dentro de menos de seis anos, em 1939, a Alemanha era a maior potência militar da Europa e desafiava o mundo inteiro. Crianças de 10 a 12 anos, de ambos os sexos, pediam o favor de se alistar no exército, na marinha, na aeronáutica; adolescentes de 15 e 16 anos executavam audaciosos vôos de bombardeio sobre a Inglaterra; vagabundos e maltrapilhos transformaram-se em soldados disciplinados, ou operários industriais, trabalhando quase de graça, só por amor à grande causa que viam personificada no *Führer* e na Alemanha. Já não havia desempregados. Havia dinheiro para tudo, porque havia fé e confiança no futuro da nação.

Como se explica esse estupendo milagre de transformação quase subitânea?

É que apareceu um homem que se dizia emissário de um mundo invisível, um profeta de grandes coisas, um vidente de realidades que o comum do povo não enxergava. Não falava como emissário do povo, que não o elegera, falava como embaixador de uma Potência divina, da qual se considerava messias.

Hitler é talvez a mais perfeita concretização do "espírito objetivo" hegeliano, fascinando o "espírito subjetivo" do povo germânico, porque este o considera como um arauto do "Espírito Absoluto" da Divindade.

Hitler nunca se deu ao trabalho de provar o que afirmava, mas todos criam no que dizia. De resto, as massas não pedem provas — são empolgadas por audaciosas afirmações e deslumbrantes promessas.

Ninguém ignora que as premissas da política de Hitler eram visceralmente falsas, como são as de Hegel; mas as conclusões que ambos tiram dessas premissas falsas são coerentemente lógicas. Uma vez admitido o que Hegel estabelece na sua famosa trilogia supletivo-objetivo-absoluta, não há como escapar à constringente lógica dessas conclusões.

O que os nossos políticos, estadistas, jornalistas, escritores, etc., fazem, geralmente, é mostrar o caráter deletério das conclusões ditatoriais, mas poucos há que consigam atingir as últimas raízes dessa tragicidade. Essas raízes estão nas profundezas da filosofia, da metafísica, da mística. Há quem despreze essas disciplinas como alheias à vida humana, ignorando que toda revolução social, política ou militar começa não nas câmaras legislativas, nos congressos políticos, nos campos de batalha — mas, sim, no silêncio de um cérebro de pensador, de filósofo. É possível que uma idéia filosófica leve decênios, até séculos, de incubação, e pareça mesmo morta; dia virá em que ela despertará; basta que apareça um homem capaz de popularizar essa idéia filosófica, abstrata, lançá-la ao meio da rua, da imprensa, dos parlamentos — e a minúscula centelha dará início a um incêndio mundial, se não for em tempo extinta ou devidamente orientada para fins melhores.

O nazismo não começou com Hitler — será que terminou com ele?

Terminará quando as conclusões que Hitler tirou das premissas que Hegel lançou forem refutadas como falsas e deletérias, não nas suas ramificações político-estatais, mas nas suas raízes filosófico-metafísicas.

Para neutralizar Hegel, só um contra-Hegel...

2. Lógica e metafísica de Hegel

O homem e a Natureza são dois estágios evolutivos do Absoluto (Deus), que é imanente em todas as coisas. O Absoluto não é uma substância estática, mas um processo dinâmico; não um *Sein* (Ser), mas um *Werden* (devir). Para Schelling, o Absoluto é transcendente, do qual tudo irradia enquanto ele mesmo, o Absoluto, permanece fora desses seres irradiados — como ensinam também as religiões dualistas.

Para Hegel, Deus, o Absoluto, não produz energia e vida, ele é a Energia e a Vida em diversos estágios.

O Absoluto não transcende a capacidade da razão humana. Podemos, pela razão, compreender a Deus, porque Deus é imanente no homem (cf. Spinoza, os Vedas, os neoplatônicos).

O Absoluto pode ser chamado movimento, energia, processo, evolução, inteligência, razão (o *Logos*).

A Razão Cósmica e o Absoluto são o mesmo.

O Absoluto aparece sucessivamente, em tempo e espaço, como mineral, como vegetal, como animal, como intelectual, como racional.

A Razão é, em si mesma, uma realidade objetiva, mas aparece no homem como faculdade subjetiva.

O objeto e o sujeito não são duas coisas diferentes, mas uma só, vistas de lados diferentes: do lado universal e do lado individual.

O Absoluto é no mineral a energia, nas plantas e nos animais a vida, no homem a razão.

Para Hegel, as categorias de Kant não são apenas modos de perceber e *pensar*, mas são as próprias leis do *ser*. Pensar e ser são essencialmente idênticos, e apenas gradualmente diversos. Não são moldes vazios que recebam o seu conteúdo de fora — mas são formas substanciais que criam e produzem o seu conteúdo de dentro de si mesmas.

Essa espontânea evolução, de dentro para fora, dos processos racionais, da potência para o ato, é o que Hegel chama o *método dialético*. A dialética (de *diá* = através, e *légo* = pensar) é a lógica imanente nas coisas e o uso da mesma pelo ser racional. Para Hegel, o universo é essencialmente racional (*logikós*); daí a sua expressão "panlogismo" do universo, ou seja, oni-racionalidade do mundo. Naturalmente, cada ser percebe esse panlogismo cósmico apenas segundo a sua capacidade subjetiva. Essa racionalidade revela-se nos seres segundo o grau da sua universalidade ou da sua aproximação do Absoluto.

A Razão não somente recebe ou concebe as coisas, mas produz esses objetos; ela é essencialmente creadora, e não apenas refletora. Nas regiões inferiores, dos sentidos e do intelecto, há simples concepção e reflexão, ao passo que na zona superior da Razão há verdadeira creação e produção. A Razão é a creadora dos seus mundos.

3. Ética social de Hegel

A família, e não o indivíduo, é a base do Estado, porque é um início do *espírito objetivo* (sociedade). O casamento é um ato moral só quando realizado para formar uma base para o Estado. Quando realizado por simples sentimento ou instinto biológico é imoral, espécie de concubinato legalmente tolerado, e pode ser facilmente anulado. Toda a ética e santidade do matrimônio repousa sobre essa base racional-estatal.

As sociedades civis visam interesses individuais, ao passo que o fim do Estado não é promover interesses individuais; pode até suspender todos os direitos individuais, porque o Estado tem uma finalidade em si mesmo, é autônomo, independente, acima de cada indivíduo como também acima da soma total dos indivíduos. É falso, segundo Hegel, afirmar que o Estado seja a soma total dos cidadãos, como é de praxe nas democracias. O Estado é uma entidade à parte, superior à totalidade do povo (cf. o conceito de "Igreja" na concepção da teologia medieval e do catolicismo romano de hoje: a Igreja não é constituída pela assembléia dos fiéis e dos seus pastores; a Igreja propriamente dita é a Igreja docente, isto é, o conjunto dos bispos, ou, a partir do Concílio Vaticano I, de 1870, a pessoa do papa infalível; a Igreja discente, os fiéis, não passa de uma espécie de apêndice, mais ou menos passivo, dessa verdadeira Igreja, ativa. É esta mesma idéia que Hegel defende no terreno político-estatal: o governo é o Estado, e, como o governo é, praticamente, o chefe do Executivo, o monarca, o ditador, pode-se dizer que o rei, imperador, ditador é o Estado: *L'Etat c'est moi!*)

A democracia ou república, diz Hegel, confunde o Estado com a sociedade civil, atribuindo àquele o que compete a esta.

O Estado deve ser nacional, e não mundial, porque é necessário que haja competição entre Estado e Estado, a fim de promover o progresso. A guerra é um meio natural e necessário para manter e aumentar a força da nação. Pode, certamente, haver Estados Confederados, mas de tal modo que cada Estado continue autônomo e independente.

Hegel seria o inimigo jurado da idéia das Nações Unidas, porque semelhante Estado Mundial não teria a necessária competição e, possivelmente, guerra, da parte dos Estados rivais.

O governo não é necessariamente um único homem, mas pode ser composto de um grupo de homens dotados do necessário espírito objetivo, isto é, de alta racionalidade (cf. o filósofo-rei, de Platão).

Reconhecer direitos iguais a todos os indivíduos, tão desiguais, é insipiência, diz Hegel. O Estado é que tem de determinar quais os direitos que couberem a cada cidadão, pelo bem do Todo.

Punição legal não é idêntico a *castigo*[2] pedagógico, diz Hegel. Não compete ao Estado castigar o delinqüente, compete-lhe apenas puni-lo, uma vez que a função do Estado não tem caráter individual, subjetivo, mas social, objetivo, pois ele é a encarnação do "espírito objetivo". A punição legal não é um meio, diz o filósofo, para corrigir um delinqüente, mas serve unicamente para reequilibrar um princípio de justiça objetiva, perturbado pelo sujeito transgressor. A justiça (*Recht*) é a vontade estatal lesada pela vontade individual (*Unrecht*), e essa lesão tem de ser neutralizada pela punição, isto é, pelo sofrimento do violador da lei da justiça.

A justiça é uma vontade impessoal. Aceitar essa vontade impessoal é *legalmente* bom; mas, enquanto o sujeito mantiver uma oposição interna, oculta, a essa vontade objetiva, a sua legalidade é amoral, ou mesmo imoral; só quando ele sintoniza a sua vontade subjetiva com a vontade objetiva é que essa obediência legal se torna também moral, praticamente boa, porque o espírito subjetivo se identifica com o espírito objetivo.

---

[2] Castigar, do latim *castigare* (derivado de *castum*, puro, e *agere*, fazer tornar puro, purificar), envolve a idéia disciplinar de correção, educação — o que não acontece com o verbo *punire*, que significa simplesmente infligir sofrimento, ou exercer vingança, com o fim de neutralizar com a dor algum mal cometido com intenção de qualquer espécie de prazer. (N. do A.)

Moralidade é a legalidade do coração.

Hegel defende a *propriedade particular* como direito sagrado, uma vez que sem ela não poderia existir família próspera, e a família é a base do Estado. Logicamente, não devia o filósofo admitir o direito à propriedade particular, depois de ter negado a autonomia do indivíduo em face do Estado. Pois, se o próprio *Eu* não é propriedade minha, como é que o *meu* me pertence? Entretanto, a lógica estatal exige esse pequeno sacrifício da lógica individual.

Empirismo evolucionista

Herbert Spencer (1820-1903)

O filósofo britânico Herbert Spencer oferece-nos a mais completa filosofia do evolucionismo darwinista sobre base empírica. Embora tivesse gozado um treino escolar assaz precário, possuía Spencer uma cultura enciclopédica, graças a seu extraordinário poder de absorção e síntese, que lhe permitia perceber, de relance, durante as palestras científicas e filosóficas dos contemporâneos, a essência do assunto, que se cristalizava rapidamente em seu espírito ávido de saber. Assimilava com rara facilidade o conteúdo de qualquer livro que lesse.

Antes de tudo pragmatista, a exemplo da maior parte dos pensadores britânicos e americanos, nunca pôde Spencer familiarizar-se com certas ideologias metafísicas, sobretudo com as correntes da escola kantiana, cujas categorias apriorísticas de intuição se lhe afiguravam demasiadamente aéreas e místicas. Nem jamais se reconciliou com o absolutismo do "imperativo categórico" do solitário filósofo de Königsberg, porque a ética de Spencer é essencialmente relativista, fruto de um processo de paulatina evolução humana.

A filosofia de Spencer é eruditamente árida, destituída de qualquer colorido poético ou emocional.

1. A Metafísica de Spencer é, antes de tudo, agnóstica; isso quer dizer que, segundo ele, nada sabemos da Realidade como tal, que ele chama o "Incognoscível" (*Unknowable*), embora suspeitemos vagamente de que, para além dos fenômenos sensitivo-intelectivos, exista algo.

O Infinito e o Absoluto não são objetos de conhecimento real, senão apenas termos simbólicos de algo que, possivelmente, exista para além do alcance das nossas faculdades cognoscitivas.

Spencer, como se vê, não admite outra faculdade cognoscitiva senão os sentidos e o intelecto; a intuição (a "razão prática" de Kant) não é, para ele, uma faculdade cientificamente demonstrada, senão apenas uma suposição vaga, obscura, mística.

Tempo e espaço, considerados pela filosofia kantiana não como realidades objetivas, mas como modos subjetivos de conhecimento, são declarados por Spencer entidades objetivamente reais, testificadas como tais pela consciência humana. Entretanto, confessa ele, tempo e espaço, embora reais, são absolutamente incognoscíveis.

No terreno religioso, é Spencer antes agnóstico do que ateu. Ateísmo, panteísmo e teísmo são, para ele, as três formas precípuas de ideologias religiosas, nenhuma das quais é cientificamente sustentável.

Neste ponto, é o filósofo inteiramente coerente com a sua atitude empírica ou pragmática: uma vez negada a existência de uma faculdade intuitiva que ultrapasse o âmbito sensitivo-intelectivo, não pode deixar de tirar essa conclusão; a conclusão é logicamente coerente — perguntamos apenas se a premissa é admissível como reflexo da realidade.

Tangente ao teísmo, afirma Spencer, de acordo com as teologias eclesiásticas do Ocidente, que o Deus professado por essa filosofia ou teologia é um ser pessoal, isto é, um indivíduo feito à imagem e semelhança do homem, embora altamente potencializado. Ora, sendo todo indivíduo necessariamente um efeito, que não tem em si mesmo a sua última razão de ser, esse Deus-indivíduo ou Deus-efeito devia ser produzido por alguém. Se esse alguém é ele mesmo, caímos no abismo do absurdo de um ser autoproduzido; se esse tal Deus do teísmo é produzido por um fator alheio, deve esse fator ter sido causado por outro fator anterior — e assim por diante, num interminável processo.

É assaz estranho que o pensador britânico repita tão ingenuamente essa objeção multissecular, sem lhe perceber a intrínseca fraqueza e inanidade. Spencer é mais um exemplo clássico de como um falso postulado inicial — a admissão de um Deus antropomorfo —, infelizmente professado pela teologia eclesiástica ocidental, leva a conclusões flagrantemente absurdas. Achamos que um verdadeiro filósofo, de pensamento autônomo, não devia encampar cegamente semelhante ideologia e edificar sobre essa base falsa as conclusões para seu sistema filosófico.

A rejeição de um Deus antropomorfo, individual ou pessoal, é geralmente identificada com a admissão do panteísmo (logicamente idêntico ao politeísmo ou ateísmo). De fato, porém, a rejeição do teísmo antropomorfo não implica, de forma alguma, a aceitação do panteísmo, mas, sim, do monoteísmo genuíno e absoluto, também chamado monismo ético.

A filosofia spenceriana, visceralmente empírica e unilateral, não logrou jamais atingir a grande verdade defendida por Hermes do Egito, pela Filosofia Védica, por Sócrates e Platão de Atenas, pelos neoplatônicos de Alexandria, por Spinoza e muitos outros pensadores antigos e modernos.

Na qualidade de filósofo clássico do evolucionismo, deveria Spencer ter ultrapassado essas etapas evolutivas sensitivo-intelectivas da humanidade e entrar nos domínios de uma evolução superior, rumo ao mundo intuitivo.

Ciência, filosofia e religião são, segundo ele, disciplinas completamente divorciadas umas das outras, e nunca uma deve invadir os domínios de outra.

Quando Spencer diz "religião" entende, geralmente, esta ou aquela forma teológico-eclesiástica do cristianismo ocidental; mostra, por exemplo, que a religião se opôs à ciência, condenando o sistema heliocêntrico de Copérnico-Galileu e a teoria da evolução de Darwin. É inexato afirmar que a religião tenha cometido esses erros, que correm por conta desta ou daquela teologia parcial, falsamente identificada com a religião ou o cristianismo. É intrinsecamente impossível haver conflito entre a verdadeira ciência e a religião real, uma vez que tanto esta como aquela têm por fim chegar à Verdade — e a Verdade é uma só.

Spencer é filho de seu tempo e país. Não conseguiu jamais emancipar-se das taras herdadas da sua época e raça.

Assim como há divórcio inconciliável entre ciência e religião, diz ele, há também separação entre ciência e filosofia. A ciência explica os fenômenos (efeitos), ao passo que a Filosofia pretende conhecer o Númeno (a causa), ou, na frase de Kant, "*das Ding an sich*".

Mais uma vez, o inveterado empirismo unilateral manteve Spencer preso nas suas malhas invisíveis. Diz ele que a Ciência "explica" os fenômenos do mundo. Entretanto, essa tal explicação não explica realmente fenômeno algum; nenhum efeito é realmente explicável por outro efeito, nem pela cadeia total dos efeitos. A planta, por exemplo, não é realmente explicada pelo recurso à semente que lhe deu existência; nem essa semente é explicada pelo apelo à planta-mãe de que proveio. Toda essa longa cadeia de efeitos e causas, no plano horizontal dos fenômenos, é inexplicável enquanto permanecemos nesse plano dos fenômenos individuais. A verdadeira filosofia, sabedora dessa insuficiência auto-explanatória do mundo fenomenal, empreende a evasão dessa zona de efeitos e causas-segundas e resolve invadir a zona da Causa-Prima, auto-suficiente. Supor que essa Causa-Prima seja a soma total dos efeitos e das causas-segundas, como Spencer o faz, é gravíssima deficiência de lógica. O processo de evasão fenomenal e invasão numenal que a verdadeira filosofia exige não pára na fronteira dos fenômenos sensitiva e intelectivamente apreendidos, mas vai além e se interna nas regiões ultrafenomenais, impelido pelo anseio racional de encontrar nesses mundos ignotos o que não lhe foi dado descobrir no mundo estreito dos sentidos e do intelecto. Trata-se desta tremenda alternativa: ou desistir de uma solução última no mundo — ou então ultrapassar o mundo dos fenômenos e encontrar para além deles uma base satisfatória para sua explicação.

O cientista contenta-se com a estagnação no plano físico do mundo fenomenal — ao passo que o filósofo, impelido pela inquietude metafísica, que não lhe permite fazer alto diante de nenhuma luz-vermelha de "trânsito impedido", vai além de todas as barreiras empíricas, porque crê firmemente na luz-verde de uma solução última e de um caminho de trânsito sempre livre e desimpedido.

A última palavra do empirismo, como já vimos em outro capítulo (David Hume), é o ceticismo absoluto e universal — mas o homem normal não se contenta com essa perpétua interrogação; ele é por demais positivo para não estagnar no plano negativo do empirismo fenomenalista.

2. Spencer é, na filosofia, o grande enamorado da teoria da evolução, da qual espera solução de todos os enigmas. A evolução abrange não só um mundo mineral, vegetal e animal, mas também o mundo humano: intelectual, psíquico, ético, espiritual, religioso.

Não há na vida humana nada de último e definitivo, diz ele; tudo é relativo, provisório, variável. Logo, os valores supremos de hoje não serão necessariamente os valores mais altos de amanhã.

Entretanto, diz, a evolução não é indefinida em si mesma. Ela atingirá um ponto de saturação — e então se dará o fenômeno de equilíbrio — e, a partir daí, começa o movimento de involução (ou re-involução). Esse processo, segundo Spencer, refere-se aos fenômenos individuais, mas não necessariamente ao universo considerado como um Todo. Podem outros planetas achar-se em via de evolução, quando o nosso estiver empenhado no processo de involução.

Em face desse interminável relativismo, não pode existir uma lei ética absoluta, diz ele. A ética é determinada pelo conforto da vida; o que determina o conceito moral de homem é, em última análise, o hedonismo inato e inextirpável, a ânsia do bem-estar, do conforto, do prazer, por mais que esse eterno egoísmo se revista de formas de altruísmo. Todo altruísmo, diz, está, em última análise, subestruturado por alguma forma de egoísmo, por mais sutil e sagazmente camuflado.

A norma ética flutua e varia conforme a evolução do indivíduo e do grupo social a que ele pertence.

Spencer, como o leitor vê, repisa aqui uma das mais antigas ideologias tangentes ao problema milenar da norma ética *absoluta* ou *relativa*. Opta integralmente pelo código de ética relativa. Outros preferem o código absoluto. Poucos há que saibam fazer a devida síntese entre o absoluto e o relativo no terreno da ética, síntese essa que representa a verdade. Em vez de repetir essa explanação da norma ética absoluto-relativa, remetemos o leitor ao primeiro volume da nossa *Filosofia Universal*, ao capítulo intitulado "Dharma", da filosofia oriental.

3. A filosofia *social* e *política* de Spencer tem colorido profundamente obsoleto, em razão do negativismo estatal do autor. Como bom democrata que era, ou queria ser, compreende-se essa tendência do filósofo britânico. É fato que os Estados da atualidade assumem caráter cada vez mais socialista; há decênios que se está realizando, no Velho e no Novo Mundo, uma imperceptível "osmose" entre democracia e ditadura, processo esse em que elementos básicos passam de cá para lá e de lá para cá, em benefício de ambos os regimes, até que apareça uma nova forma de governo que não seja nem ditatorial nem propriamente democrática, no sentido atual do termo. É evidente que a humanidade não pode viver feliz sem *liberdade* e sem *segurança*. As ditaduras afirmam esta, as democracias advogam aquela — mas nem uma nem outra dá realmente o que promete tão enfaticamente. A humanidade de hoje não parece ainda estar madura para a grande síntese redentora. Tempo virá em que a humanidade gozará de uma *liberdade segura* e de uma *segurança livre*; a lei da disciplina, ainda agora compulsória, passará a ser um fator livre e espontâneo; o homem integral do futuro cumprirá a lei, não com medo de sanções ingratas (multa, prisão, morte), mas por motivos de consciência e compreensão, podendo dizer com o salmista: "Eu amo, Senhor, os teus preceitos — tua lei é a minha delícia".

Quando esse tempo despontar, já não haverá ditadura nem democracia, mas ambas se fundirão num regime mais profundo e vasto, a que poderíamos chamar "cosmocracia", no sentido de ser o homem governado pela voz cósmica da sua própria consciência, que não lhe permitirá entrar em conflito com a voz cósmica da consciência de seus concidadãos, porque o cosmo não se contradiz a si mesmo, o cosmo é a grande harmonia do universo, seja no macrocosmo sideral, seja no macrocosmo humano.

Spencer, neste particular, é genuinamente democrático, não permitindo que o governo se imiscua nos interesses particulares de seus governados. Essa reverência pelas liberdades individuais que ele incute é, certamente, melhor do que a supressão das mesmas pela ditadura — mas não abre caminho para uma solução final do conflito democracia-ditadura. Spencer parece ver um mal básico em qualquer processo de "infiltração osmótica" de parte a parte, quando essa infiltração recíproca é a única válvula de segurança contra uma explosão catastrófica e o único meio de estabelecer pacificamente um estado de equilíbrio em que a humanidade possa viver e prosperar numa paz dinâmica e substituir a deletéria competição de hoje pela salutar colaboração de amanhã.

O fraco de Spencer não está em ser evolucionista — mas, sim, em não ser evolucionista o bastante. A semi-evolução cria conflitos — a pleni-evolução solve os conflitos e estabelece uma harmonia universal.

Conhecimento pelo impulso vital

Henri Bergson (1859-1941)

1. Conhecer é ser

Poucos filósofos terão colhido tão intenso e universal aplauso como Bergson, sobretudo na França, Alemanha, Inglaterra e Estados Unidos.

A filosofia de Bergson nada tem das nebulosidades e abstrações áridas de Kant, Hegel e outros pensadores germânicos. Aparece vazada num estilo intuitivo, brilhante, que faz lembrar o heleno Platão e o romano Lucrécio. É uma síntese feliz de serena racionalidade e mística espiritual, respondendo aos anseios de panorâmica e vigorosa vitalidade dos melhores pensadores do século XX.

Judeu de origem, não revela Bergson nenhuma intolerância ou estreiteza para com outras formas de filosofia ou religião, simpatizando francamente com as melhores correntes de espírito cristão, sobretudo com os grandes místicos, com os quais parece sentir profunda afinidade.

No tocante ao homem, mostra Bergson que ele não pode ser considerado uma simples evolução do mundo animal, como pretendem certos darwinistas, mas que, embora veiculado fisicamente por meio de formas orgânicas comuns, o homem ocupa uma posição única e inconfundível no quadro geral do universo.

Desde 1900 lecionou Bergson no Collège de France. Em 1928 recebeu o Prêmio Nobel de Literatura. Mesmo no fastígio da glória, nunca deixou de ser um homem humilde e despretensioso, levando vida simples e frugal.

Entre as obras principais de Bergson constam *Matéria e memória*, *Introdução à metafísica*, *Evolução criadora*, *Vida e consciência*, *Espírito e energia*, *As duas fontes da moral e da religião*.

Através de todas as obras desse pensador se nota uma luta

constante contra os dois estágios evolutivos inferiores que ainda escravizam muitos homens e não permitem ascensões superiores, a saber: o *materialismo empírico* e o *formalismo intelectual*. No centro da filosofia de Bergson não está o empirismo sensitivo nem o conceptualismo intelectivo, mas, sim, a *experiência vital*, o *élan vital*, razão por que a sua filosofia é, muitas vezes, chamada "vitalismo" ou "neovitalismo".

Para Bergson, a última certeza do homem não deriva daquilo que ele *percebe* empiricamente, nem daquilo que *concebe* intelectualmente, mas, sim, daquilo que ele *vive* intimamente.

Quem percebe ou concebe é um *espectador*, que assiste, mais ou menos passivamente, à exibição de uma peça teatral, mas quem vive o seu objeto é um *ator* intensamente ativo do drama, de que ele faz parte integral.

Saber, em ultima análise, é *viver*, saborear, experimentar, e mesmo *ser*.

Sabe-se realmente daquilo que se vive e se é.

Saber supõe uma identificação entre o *sujeito* cognoscente e o *objeto* cognoscível, ou conhecido.

Suponhamos o caso de alguém descrever um acidente de dois automóveis que colidem na estrada. O espectador pode, certamente, descrever os acontecimentos externos, periféricos, secundários — mas nada sabe da íntima essência do desastre. Só se ele mesmo, em vez de espectador, fosse ator da tragédia é que teria noção exata do acidente; deixaria de ser um espectador objetivo e se tornaria um ator subjetivo do fato. O acidente deixaria de ser *acidental* e se tornaria *essencial*.

Sobretudo na *Introdução à metafísica* e na *Evolução criadora* é que se revela essa concepção dinâmico-vital da filosofia bergsoniana.

Tudo que é externo-sensitivo-intelectivo é meramente *simbólico*, relativo, periférico, não atinge a essência, o *simbolizado*, o absoluto, o elemento central da realidade, ou, como diria Kant, "*das Ding an sich*" (a coisa em si mesma).

A essência do *Eu* e do *Universo* é a mesma, mas só é acessível à intuição, que é uma experiência vital, direta e imediata do próprio Eu interno. A percepção sensitiva e a concepção intelectiva não podem penetrar até esse centro último do sujeito e do objeto.

Bergson insiste em dizer que essa intuição *não é algo misterioso*, ocultista, esotérico, místico, ou até anormal — é antes a *íntima essência da natureza*[1] *humana* de qualquer pessoa. Mas a maior parte dos homens, no presente plano evolutivo, não atingiu ainda essa *centralidade* ou profundeza, limitando-se a andar pelas *superfícies* do sujeito e dos objetos — pois a lei do menor esforço vigora também nesse terreno. O homem intuitivo não é um homem diferente do comum dos mortais; é, porém, um homem que ultrapassou certa fronteira que outros ainda não ultrapassaram, mas podem ultrapassar. O homem intuitivo não é anormal, nem propriamente supranormal — é mais *plenamente normal* que outros, uma vez que a plenitude da natureza humana consiste no completo desenvolvimento dessa faculdade intuitiva, ainda muito embrionária na maior parte dos homens da presente época.

A perfeição do homem é diretamente proporcional à clareza e facilidade da sua experiência intuitiva, do seu *élan vital*. O homem intuitivo é o rei dos realistas, ele é um essencialista integral. Ele essencializou a sua existência.

A intuição percebe o *Todo* antes das suas *partes*, pois essas partes não são senão manifestações parciais, *incompletas* e *sucessivas*, do Todo, que é *completo* e *simultâneo*, não sujeito a tempo e espaço.

Intelectualmente, porém, as partes são percebidas antes do Todo, pelo homem empenhado em lenta e paulatina evolução de fora para dentro, do secundário para o essencial, da periferia para o centro.

A princípio, o homem em evolução percebe as partes ainda *desconexas*; depois as partes *com certo nexo*, e, por fim, o Todo como tal, a cuja luz a compreensão das partes se torna perfeita e definitiva. Todo e qualquer conhecimento das partes sem o Todo é imperfeito,

---

[1] *Natura* vem de *nascitura*, isto é, coisa que está para nascer, mas ainda não nasceu; não é ainda *nata*, mas nascitura, ou *natura*. Quer dizer que cada ser é o que pode vir a ser, o que é potencialmente, não o que é atualmente. Só no Ser Absoluto coincidem a potência e o ato, a *natura* e o *nato*, uma vez que no Ser Absoluto não há transição da potência ao ato, do *nascituro* ao *nascido*. Mas, em todo e qualquer ser em evolução, a natura ou natureza do ser é a sua potencialidade atualizável, embora ainda não plenamente atualizada. Digamos que o homem plenamente desenvolvido, o homem *intuitivo*, represente 100, o homem *intelectual* 50, e o homem *sensitivo* 10. Qual a verdadeira natureza do homem, em qualquer desses seus estágios? É 100, porque a potência do homem intelectivo ou sensitivo é ser intuitivo. A verdadeira natura ou natureza do homem é intuitiva.

A bitola por onde se deve aferir um ser não é a sua atualidade, mas a sua potencialidade. (N. do A.)

admite obscuridades, paradoxos, conflitos e aparentes absurdos. Só à luz do Todo é que o universo aparece como um verdadeiro *cosmo*; antes dessa visão panorâmica e intuitiva, o mundo tem sempre algo de *caótico*, desordenado, absurdo, contraditório. A experiência da harmonia e beleza do universo supõe um "*cosmorama*", isto é, uma visão mundial em conjunto. À luz dessa visão de centralidade reconciliam-se todas as aparentes contradições e desarmonias das periferias. Qualquer visão parcial permite erro — a visão total é necessariamente a experiência da verdade sem erro.

Bergson procura exemplificar e concretizar essa verdade por meio de uma *composição literária*. A princípio, diz ele, o escritor percebe apenas uns como fragmentos isolados, farrapos avulsos, do seu trabalho; e, nesse estágio inicial, o trabalho é difícil, penoso, sem deleite; falta o volante à máquina. Pouco a pouco, à proporção que parte se justapõe a parte, e aparecem certos nexos entre elas, aumenta a fluência e espontaneidade das idéias, e o Todo, a princípio ignoto ou apenas vagamente apreendido, vem surgindo nitidamente aos olhos do escritor, materializando-se do seio do universo imaterial, sob a ação criadora do pensador — até assumir forma quase visível e palpável. E é só então que cada uma das partes do todo adquire a sua verdadeira função e razão de ser.

Com a percepção intuitiva do Todo como Todo vem a *facilidade*, o *amor*, o *entusiasmo*, a *imponderável leveza* do nosso trabalho — porque o Todo, sendo a *Verdade*, não pode deixar de ser a *Beleza*. A fealdade resulta unicamente da falta da visão do Todo, ou duma visão imperfeita e confusa e das relações que as partes têm com o Todo. A Verdade total é a Beleza.

O cosmo é belo.

O caos é feio.

Bergson frisa que a emoção sensível, o *êxtase*, não faz parte essencial dessa visão intuitiva do Todo, embora acompanhe geralmente a experiência inicial da mesma, o processo de transição da ignorância para a sapiência, da cegueira para a vidência da Realidade total.

A emoção, o êxtase, o arroubamento místico poderiam ser considerados (isto não diz o filósofo) como o *noivado*, ou a *lua-de-mel* desse consórcio do homem com o mundo invisível. Uma vez que essa visão intuitiva deixa de ser um *início* e se transforma em continuação e *permanência*, uma vez que deixou de ser exceção da regra e se tornou a regra geral da vida, a vibração extática do princípio se transforma numa espécie de experiência permanente; o relâmpago momentâneo em plena noite amanheceu como um sol de luz permanente, serena, calma, natural.

Bergson compara a experiência intuitiva com a visão do olho: a visão é um ato simples e simultâneo — ao passo que o órgão visual é um objeto complicado feito de numerosas partes justapostas. Como pode um órgão complexo produzir um ato simples? Resposta: o ato não vem *do órgão*, mas apenas *por meio do órgão*; o olho não é fonte e causa da visão, senão apenas veículo e condição; não é o olho que vê, é o Eu que vê por meio do olho. A complexidade da função necessita da complexidade do órgão para a sua manifestação, mas a função não podia ser simples se na base da mesma não houvesse um elemento simples, que se serve do complexo para a sua manifestação.

É o que acontece com a intuição, que parece ser o resultado de um processo evolutivo incrivelmente longo e complicado, mas esse processo é apenas condição e veículo, na base do qual está o simples, o absoluto, o Todo.

O "simples por plenitude", que está na base de toda a evolução, desdobra-se no complexo ou múltiplo da evolução dispersiva e divergente. (1) Nos seres inferiores, essa dispersão ou divergência múltipla não chega a ser convergente e simples. (2) Assim, por exemplo, acontece no plano do mundo meramente sensitivo, onde há só *divergência dispersiva* sem nenhum vestígio de *convergência unitiva*. No mundo intelectual começa um movimento de convergência, mas não chega a fechar as linhas abertas, (3) não atinge plena simplicidade.

Com a intuição culmina esse movimento convergente em plena unidade e simplicidade (4).

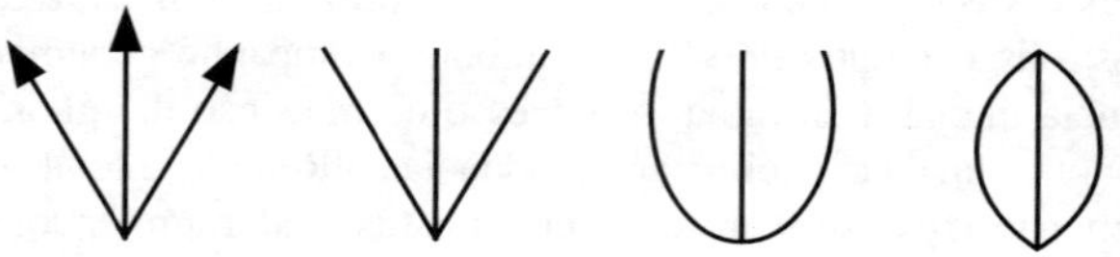

1. Divergente 2. Convergente 3. Convergente progressivo 4. Convergente total

Em resumo, poderíamos simbolizar a percepção sensitiva, a concepção intelectiva e a intuição cósmica do seguinte modo:

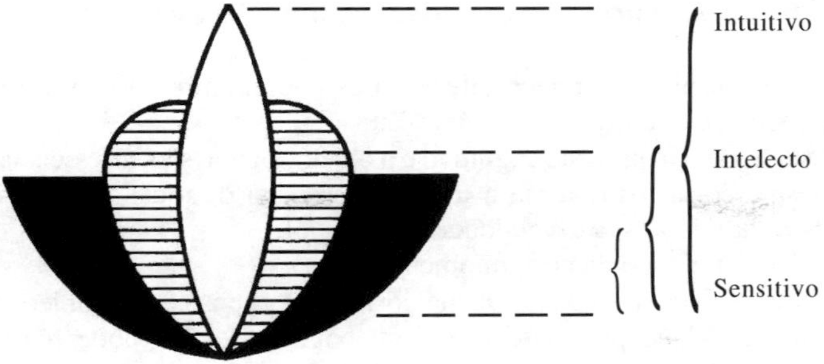

O sensitivo (preto) encerra tanto o intelectivo (chanfrado), como o intuitivo (claro), mas esses dois estágios superiores de evolução se acham ainda em estado latente e ignoto dentro do sensitivo. Mais tarde, quando aparece o intelectivo, o intuitivo continua ainda oculto, embora presente. Por fim, com o desabrochar do intuitivo, aparece a verdadeira figura total da "flor".

Os filósofos e místicos do Oriente servem-se da "flor de lótus" para ilustrar essa verdade: nasce nas escuras e lodosas profundezas de um lago (sensitivo), atravessa o elemento líquido da água (intelectivo) e penetra no espaço aéreo iluminado pelo sol (intuitivo); e desse ponto culminante da sua evolução é que os estágios inferiores adquirem sentido e razão de ser.

2. O processo cognitivo segundo Bergson

Bergson não reconhece diferença essencial entre o sujeito e o objeto, ou seja, entre o Eu e o não-Eu.

Segue-se daí que o ato cognitivo e o objeto cógnito são, na essência, a mesma coisa. Afirma ele a unidade essencial de todas as coisas, embora admita a sua diversidade existencial.

Que é, pois, conhecer um objeto?

É identificar-se com ele. Ou melhor, adquirir consciência subjetiva dessa identidade preexistente ao ato cognitivo. Não pode haver identificação existencial onde não há identidade essencial. Um sujeito cognoscente nunca poderia atingir um objeto cognoscível se, em sua base última, esses dois, o cognoscente e o cognoscível, não fossem uma e a mesma realidade. A gênese ou o processo lógico da identificação supõe o fato ontológico da identidade. Se o Eu não fosse realmente idêntico ao não-Eu, a cognição jamais conseguiria lançar uma ponte sobre esse abismo, aproximando o cognoscente do cognoscível.

Por outro lado, sobre a base profunda dessa identidade essencial deve existir a consciência duma tal ou qual não identidade ou diversidade entre sujeito e objeto.

Assim como o fato da identidade essencial sem a consciência da diversidade existencial não permite conhecimento, também a consciência da diversidade existencial sem o fato da identidade essencial não torna possível esse conhecimento.

Conhecimento supõe, portanto, duas coisas: identidade e diversidade, identidade de essência e diversidade de existência.

A completa inconsciência dessa identidade-diversidade chama-se ignorância ou não-conhecimento.

A inconsciência parcial dessa identidade-diversidade permite apenas um conhecimento imperfeito.

A consciência total e nítida dessa identidade-diversidade faculta um conhecimento perfeito ou intuitivo.

Para haver conhecimento deve haver sempre uma espécie de oposição entre sujeito e objeto, uma polaridade, isto é, a consciência da não-identidade entre os dois. Essa consciência, diz Bergson, é como que uma luz refletida ou refratada ao encontrar-se com um anteparo; luz que não encontrasse em sua trajetória nenhum obstáculo, nenhuma limitação que a repelisse não seria luz visível. Sujeito cognoscente que não tivesse a menor consciência de um objeto cognoscível, diferente do Eu, não teria conhecimento. No momento em que a luz direta, por assim dizer, esbarra com um anteparo, e daí se reflete ou por ele é refrangida, tornando-se luz indireta e luz limitada, nesse momento nasce o conhecimento, a consciência da diversidade entre o Eu e o não-Eu.

Em Deus não pode haver cognição desse gênero, porque sua essência coincide com sua existência, para ele não há polaridade entre o Eu e o não-Eu; ele é ao mesmo tempo o cognoscente e o cognoscível, o sujeito e o objeto do seu ato. Sujeito, ato e objeto são uma e a mesma coisa em Deus. Nele não vigora o princípio da "contrariedade", mas tão-somente o princípio da "identidade".

Por isso, Brahman como Brahman, dizem os orientais, seria inconsciente, se não fosse também Brahma (Creador).

Quanto mais o homem, na sua jornada cognitiva, se afasta da pluralidade das periferias para a unidade do centro, tanto mais se aproxima ele dessa essência primeira e última, tanto menor se lhe torna a distância entre sujeito e objeto. Verdade é que o homem, finito em sua existência, não pode jamais identificar-se completamente com Deus, infinito tanto na sua essência como na sua existência (que nele são idênticas). Mas o homem pode a tal ponto olvidar-se do seu elemento finito, *existencial*, que o distingue de Deus, e pode tão intensamente focalizar o seu elemento infinito, *essencial*, pelo qual é idêntico a Deus que, praticamente, deixe de sentir-se como um Eu distinto de Deus, e, segundo a expressão e experiência de todos os místicos, sinta-se como uma gotinha d'água diluída na vastidão do oceano.

A certeza última sobre Deus e a vida eterna deriva dessa diluição ou absorção do pequeno Eu humano no grande Tu divino — certeza essa que nenhuma análise intelectual pode dar nem tirar. Exigir de um verdadeiro místico que "prove" ou "demonstre" cientificamente a existência de Deus ou da imortalidade humana seria tão ridículo como pedir a um homem de olhos abertos em plena luz meridiana que descesse a um subterrâneo e ali demonstrasse, preto sobre branco, a realidade da existência do sol e de seus benéficos eflúvios.

Tem-se dito, através de séculos e milênios, que essa diluição do Eu individual na Realidade Universal equivale a um verdadeiro aniquilamento da personalidade, a um *suicídio nirvânico* da pessoa humana, a um sacrifício do Eu humano na ara do Tu divino; tem-se dito que o místico, em vez de praticar a *extinção* do Eu pelo aniquilamento e redução ao abismo do Nada, como faz o materialista agnóstico, comete o *assassínio* do Eu pela diluição do mesmo na imensidade do Todo; que, tanto neste como naquele caso, temos a destruição do homem, seja por *deficiência*, seja por *excesso* de vida, seja por *atrofia*, seja por *hipertrofia* da personalidade humana; uma gota d'água aniquilada deixa de existir, como deixa de existir uma gota difundida pelo oceano; existe ainda, no segundo caso, como água geral, mas não existe mais como gota individual.

É essa a mais séria de todas as objeções que se tem levantado, não só contra a teoria cognitiva de Bergson, mas contra todas as correntes filosófico-espirituais de todos os tempos e países — desde os Vedas da Índia, o taoísmo da China, o Kybalion de Hermes do Egito, até Sócrates, Platão, os neoplatônicos, Spinoza, Meister Eckhardt, João da Cruz e todos os místicos, dentro e fora do cristianismo.

A diluição mística da creatura no Creador, diz Arnold Toynbee, parece *eutanásia*.

No entanto, é notável que todos os defensores desse modo de conhecer, tanto no setor filosófico como no terreno religioso, continuem a afirmar a sua individualidade; nenhum deles jamais negou que, depois de se ter diluído na divindade, como uma gota no oceano (e quase todos eles recorrem a essa metáfora), continuasse a sentir-se como ele mesmo, individualmente consciente; e, o que é de suma importância, todos eles continuam a sentir-se individualmente responsáveis por seus atos, éticos ou aéticos. Não existe um só exemplo em que um verdadeiro filósofo ou místico, depois de passar por essa suprema experiência da sua identidade essencial com Deus (seja qual for o sentido que demos a essa palavra "Deus"), se tornasse moralmente pior do que no período do seu dualismo separatista; nunca nenhum deles achou que, depois disso, podia odiar a seus semelhantes, persegui-los, matá-los, caluniá-los, roubar o alheio, entregar-se a uma vida de luxúria e indisciplina, com a fácil desculpa de não ser ele o pecador, mas o Deus dentro dele. A história não registra um único fato dessa natureza, mas registra centenas e milhares de exemplos de homens que, depois de atingirem a experiência final da sua identidade com Deus, atingiram plena maturidade ética e espiritual e se tornaram homens eminentemente bons, não por medo de algum castigo que receassem, nem pela visão de um prêmio que esperassem, mas pela intuição da suprema Realidade sobre si mesmos e sobre Deus. Pois é perfeitamente lógico que o homem que renunciou definitivamente a seu *eu* físico-mental, egoístico, renuncie também a tudo que considerava *seu*; porquanto o *eu* e o *meu* são conceitos correlativos e inseparáveis; este deriva daquele; o *meu* é uma espécie de muralha de fortaleza que o *eu* ergue em torno de si, para mais eficazmente defender o baluarte central da fortaleza do pseudo-Eu físico-mental, que o profano e inexperiente toma erradamente pelo verdadeiro Eu espiritual. Que razões haveria ainda para erguer muralhas protetoras e trincheiras de defesa depois que o baluarte central, o Pseudo-Eu, foi arrasado? Se o *eu* deixou de me pertencer, para que ainda colocaria eu a mão pesadamente sobre algum *meu*, declarando enfaticamente: "Isto aqui é meu, e de mais ninguém!"? Semelhante ato seria supinamente absurdo e ridículo, mesmo impossível, da parte de um *eu* desegoficado, uma vez que esse *meu* só tinha razão de ser enquanto o *eu* físico-mental estava em pé; desde que este se rendeu, rendem-se todas as fortificações em derredor dele.

Em outras palavras: a verdadeira *mística* leva necessariamente a uma sólida *ética*. A mística, porém, está consubstanciada na experiência da identidade do Eu humano com a Realidade divina, experiência essa que os iniciados chamam "consciência cósmica".

Bergson, é verdade, não avança todas essas conclusões de ordem ética, mas elas estão implicitamente contidas nas premissas da sua concepção cognoscitiva, como uma fusão do sujeito e do objeto, a experiência da identidade entre o Eu e o não-Eu.

O intelecto analítico dos autores de compêndios de filosofia e de religião, quando chegam a tratar deste assunto, naufraga quase sempre no primeiro escolho desses mares incertos e tenebrosos; porque esses homens medem com bitola de pigmeus a estatura dos gigantes; procuram afanosamente justificar, à luz de lanternas mortiças, a imensa claridade do foco solar, acabando por ver trevas pelo excesso de luz; querem identificar o verdadeiro saber experiencial dos grandes gênios com o pseudo-saber intelectual dos pequenos talentos.

A elite da humanidade, porém, continua a seguir o caminho daqueles que, de experiência própria, podem dizer: "Eu e o Pai somos um", "Eu morro todos os dias; e é por isso mesmo que vivo — mas já não sou eu que vivo, o Cristo é que vive em mim".

3. Principais objeções à concepção cognitiva de Bergson

As principais objeções que se têm levantado à epistemologia bergsoniana resumem-se nas seguintes:

1) A teoria de que o sujeito seja idêntico ao objeto é contra a consciência da nossa personalidade, que se sente nitidamente distinta do mundo do não-Eu. Nessa objeção vai uma confusão entre a *essência* e a *existência* da personalidade: o que me faz ser um Eu pessoal é o fato de eu ser *existencialmente distinto* da essência universal; mas isso não implica absolutamente em que o Eu pessoal seja algo *separado* dessa essência universal. Se o Eu individual fosse separado do *Todo* universal, não poderia conhecer esse *Todo* nem os outros indivíduos (sujeitos ou objetos, pouco importa, porque para o Eu todo o resto são não-Eus). Se o Eu não fosse distinto do *Todo*, tampouco o poderia conhecer, porque todo o conhecimento supõe duas coisas: a) distinção entre o cognoscente e o cognoscível; b) união (não-separação) entre este e aquele. O *empirismo* admite a não-identidade *existencial* do cognoscente e do cognoscível, mas nega a identidade *essencial* dos mesmos; por isso não pode jamais chegar a um verdadeiro conhecimento, como prova a história da filosofia e como confirma explicitamente o rei dos empiristas, David Hume, cujo conhecimento empírico acabou em completo desconhecimento ou ceticismo universal. O *panteísmo*, por outro lado, nega não só a separação entre o cognoscente e o cognoscível, mas rejeita também a distinção entre os dois, fundindo ambos numa única massa geral e indiscriminada; e, neste caso, nenhum verdadeiro conhecimento é possível, por falta de diferenciação entre o cognoscente e o cognoscível. Por essa mesma razão, também não pode haver, na filosofia panteísta, verdadeira ética, consciência do pecado e necessidade de redenção, porque o Eu humano se sente integralmente idêntico ao Todo divino, e, como este não conhece pecado nem redenção, segue-se logicamente que a personalidade humana não peca nem pode ser redimida.

Nada disso, porém, acontece na concepção cognitiva ou ética de Bergson, que não é empírica nem panteísta, porém sensatamente monista, isto é, afirma a identidade de *essência* entre o cognoscente e o cognoscível, mas nega a identidade de *existência* entre o sujeito e o objeto, tanto no plano cognitivo como na esfera ética. É indispensável, para o verdadeiro conhecimento e a verdadeira ética, que haja tanto identidade como diversidade entre o sujeito e o objeto;

onde há somente identidade, como no panteísmo, ou apenas diversidade, como no empirismo, nenhum conhecimento e nenhuma ética verdadeira serão possíveis.

Todas essas objeções que se fazem à filosofia de Bergson são, no fundo, as mesmas de que foi alvo Spinoza, no século XVII, e que se têm feito, através dos séculos, a todos os monistas não-empíricos e não-panteístas, embora esses monistas sejam constantemente acoimados de panteístas pelos empiristas do Ocidente; pelos panteístas do Oriente, seriam provavelmente acusados de empiristas ou materialistas.

2) Objeta-se que a solução bergsoniana é arbitrária e inaceitável, porque se baseia em simples jogo de palavras, como quando afirma que "a imagem pode estar presente sem ser representada". Quem chama a isso jogo de palavras dá a entender que nada entendeu do pensamento profundo indigitado pelo filósofo. Diz Bergson que a imagem da realidade objetiva pode estar presente no sujeito cognoscente sem ser por ele representada, quer dizer, que a imagem pode existir nele sem que o sujeito seja cônscio da mesma. Assim como a inteligência existe em qualquer criança desde o início, embora não seja de forma alguma representada pela criança; assim como a planta está presente potencialmente na semente sem ser por ela representada atualmente, a princípio, senão apenas mais tarde — assim pode também acontecer com um sujeito cognoscente, dentro do qual pode existir a imagem da realidade sem que, de início, ele a perceba. Permita-se-nos um paralelo da vida de Santo Agostinho. Pergunta ele a Deus: "Onde estavas tu quando eu vivia nos meus pecados?" Ao que a voz divina lhe responde: "Eu estava sempre presente a ti, mas tu andavas ausente de mim". Quer dizer que a realidade divina estava sempre presente àquela alma humana — e como poderia o Onipresente deixar de estar presente em alguma parte? — mas que essa alma andava subjetivamente ausente de Deus, ignorando a divina presença e vivendo como se Deus estivesse ausente. Quando então, pela conversão, o Agostinho ausente se tornou presente ao Deus sempre presente, houve presença recíproca: da parte do objeto e da parte do sujeito. Isso, certamente, não é simples jogo de palavras!

3) Diz-se que Bergson recorre a metáforas em vez de apresentar provas; que as metáforas podem ser boas como confirmação, mas só depois que provas reais foram aduzidas como argumentos probantes.

A tal "metáfora" a que o objetante alude é a comparação que Bergson faz da luz e do seu reflexo ou refração. Diz o filósofo que o conhecimento, no sentido tradicional, não é, propriamente, um alargamento, mas antes um estreitamento; não um esclarecimento, mas um obscurecimento; não uma expansão, mas uma concentração de horizontes. Isso, é claro, causa muita estranheza, a princípio, quando estamos habituados a falar de conhecimento como dum alargamento de horizontes. Mas Bergson explica: para haver consciência do objeto no sujeito, deve aquele, em certo sentido, interceptar ou limitar a visão deste, como se se colocasse um anteparo no meio duma luz universal, a fim de lhe captar os reflexos e assim visibilizar a luz direta, que, sem esse reflexo ou refração no anteparo, seria invisível. É sabido, por exemplo, que nas grandes alturas atmosféricas, longe de todos os anteparos terrestres ou meios de refração, onde a própria refração aérea funciona precariamente, em conseqüência da sua extrema rarefação, a visibilidade da luz decresce sensivelmente, cedendo a uma espécie de penumbra ou semiluz. Se cessassem de existir e funcionar todos os meios de reflexão e refração, incluindo o próprio avião e seus ocupantes, será que ainda seria visível a luz? É conhecido em nossos dias o processo do radar, cujos raios invisíveis e inaudíveis só se tornam visíveis ou audíveis quando encontram um objeto donde retrocedam e voltem ao emissor. O morcego emite, durante o vôo, ondas supersônicas, de até 100.000 vibrações por segundo; o reflexo desse som — que para os nossos ouvidos é silêncio — volta ao sujeito emissor e lhe dá notícia permanente de objetos em derredor, bem como a distância deles, para que o morcego se possa orientar com segurança por meio desse radar natural.

Não me consta que Bergson use dessas comparações, mas elas servem perfeitamente para ilustrar e ampliar a imagem da luz e do seu reflexo. Diz o filósofo que, se o ato cognoscitivo do sujeito cognoscente não esbarrasse contra nenhuma limitação, se fosse, por assim dizer, em linha reta ao infinito e ilimitado, não teria o sujeito nenhuma consciência de conhecimento. Quer dizer que, para conhecer, o sujeito necessita da alguma limitação na qual, por assim dizer, esbarre o seu ato para se tornar consciente.

O nosso conhecimento comum não é algo cósmico, ilimitado, mas é antes uma espécie de "recorte" ou "quadro destacado", à guisa de certos fenômenos de reflexão que provêm duma refração interceptada, como o efeito de uma miragem.

A dificuldade maior, diz o filósofo, não está em explicar como a imagem cognoscitiva nasce, mas como ela é limitada a ponto de se refletir em nossa consciência individual.

Exige o objetante que Bergson, antes de recorrer a essas metáforas tiradas da luz e de seus reflexos, aduza "provas e demonstrações" diretas. Assim só pode falar um empirista radical. Como se alguma realidade invisível pudesse ser provada e demonstrada indutiva e analiticamente! Será que ele ignora que a verdadeira certeza não vem de provas e demonstrações dessa natureza, mas antes de uma intuição ou dum sentimento pré-analítico, não suscetível de provas e demonstrações no sentido alegado? Se a realidade invisível fosse intelectualmente demonstrável, por que teria Jesus, por espaço de três anos, tentado fazer compreender ao povo por meio de metáforas o que era o reino de Deus? Por que, em vez de dezenas de parábolas e centenas de alegorias, não disse ele, simples e lhanamente, o que era esse misterioso reino?

É que não há nenhuma possibilidade de dizer a homens inexperientes o que é uma realidade espiritual, uma vez que dentro deles não existe ponto de contato capaz de servir de base ou órgão de repercussão no qual a voz possa encontrar eco. O nosso vocabulário corrente é feito por e para homens dotados de intelecto analítico comum, mas não possuímos vocabulário adequado para exprimir realidades que ultrapassem as fronteiras da inteligência; possivelmente, uma humanidade futura, mais avançada que a presente, criará esse vocabulário. Toda vez que quisermos exprimir realidades ultra-intelectivas com o nosso vocabulário intelectual, teremos de recorrer a metáforas, símbolos, alegorias, parábolas, não para dizer, mas para insinuar, sugerir, indigitar algo que os leitores ou ouvintes possam ter adivinhado ou vislumbrado vaga e longinquamente e que, à luz da misteriosa metáfora, engendrada por algum vidente da Realidade, lhe possa ser útil e servir como de fio de Ariadne para sair das trevas à luz.

Mas, em caso algum, podemos esperar que alguém "prove e demonstre" realidades ultra-intelectivas. "Ditos indizíveis" (*árreta rémata*) é a expressão clássica com que Paulo de Tarso designa aquilo que foi "dito" ao espírito, mas não é "dizível" pelo intelecto.

O que o homem realmente sabe não o pode dizer — e o que diz não o sabe realmente...

4) Escandalizam-se alguns porque Bergson diz que o conhecimento perfeito só ocorre no momento em que o sujeito se sente

totalmente identificado com o objeto e perde toda a consciência individual, cessando até de existir como sujeito; ora, isso é o mesmo, dizem eles, que afirmar que o conhecimento só atinge a sua perfeição máxima quando cessa de ser conhecimento.

Essa objeção não necessita de refutação para quem sabe distinguir entre conhecimento *intelectivo* e conhecimento *intuitivo*. É claro que a cognição do intelecto morre no momento em que a cognição do espírito nasce, ou, antes, aquela é integrada nesta; a alvorada de uma é o ocaso da outra. Ou, na frase lapidar de São Paulo, "agora conheço apenas imperfeitamente, como que em espelho e enigma — mas, quando terminar o que é imperfeito, começará o que é perfeito, e conhecerei face a face, assim como eu mesmo sou conhecido". O Todo absorve a parte, a parte morre no Todo. Mas esse "morrer" não é um aniquilamento, uma descida ao abismo do Nada — é antes uma integração, uma ressurreição, um novo nascimento, uma subida às alturas.

Em resumo: não deve emitir juízo sobre a filosofia de Bergson quem não é Bergson ou não possui espírito bergsoniano.

4. Religião

Há em cada movimento religioso duas tendências, diz Bergson: 1) a da tradição; 2) a da evolução. Aquela é conservadora, passadista — esta é progressista, futurista. A perfeição consiste em harmonizar essas duas tendências: guarda o que tens e passa além. O homem comum é mais tradicionalista que evolucionista, porque as conquistas do passado se lhe afiguram base mais sólida e segura do que as visões do futuro. Para o vidente, o místico, é claro, as visões do futuro são tão sólidas, e até mais sólidas, e, além disso, muito mais amplas do que os fatos do passado.

O revolucionário destrói a base do passado em benefício das visões do futuro — como o tradicionalista combate estas em favor daquelas; o verdadeiro vidente ou místico, porém, isto é, o homem integralmente religioso, guarda as conquistas sólidas do passado, mas ultrapassa essa base e estende as mãos para realidades futuras, que ele percebe claramente, como de relance, embora não possa dar a outros a mesma certeza que ele possui.

Poderíamos dizer que tradição sem evolução é uma espécie de *arteriosclerose*, enquanto evolução sem tradição são comparáveis a uma *hemorragia* — dois males capazes de matar a religião. Só a união entre tradição e evolução é que é *saúde* estável.

A tradição, diz Bergson, favorece a *coesão* e a *unidade* religiosas, cria solidariedade e centralização, embora sacrifique a *liberdade* (cf. catolicismo). A evolução garante liberdade, mas, não raro, destrói a unidade e estabilidade da religião (cf. protestantismo).

Mas onde existe síntese entre tradição e evolução, ali reina tanto a *unidade* como a *liberdade*, com a diferença de que essa unidade não é mecânica e geométrica, porém orgânica e vital. Um triângulo ou um círculo possuem rigorosa unidade geométrica, mas uma planta possui unidade orgânica, porque a variedade das suas partes não destrói a unidade do seu Todo.

Unidade *rígida* é da tradição sem a evolução (parcial).

Unidade *elástica* é da evolução unida à tradição (total).

O parcialista conhece a Deus ou pelo *intelecto* ou pela *fé* — ao passo que o totalista conhece a Deus pela *experiência*. Do conhecimento pelo intelecto e pela fé há regresso para seu contrário — do conhecimento pela experiência não há regresso para o contrário. Há apostasia da *ciência* e da *fé* — não há apostasia da *sapiência*, porque aquelas são apenas uma jornada, enquanto esta é uma chegada, um termo final. No céu não há cientes (intelectuais) nem crentes (dogmáticos); há somente sapientes, isto é, seres que conhecem a Deus por experiência imediata, intuitiva, vital, razão por que, embora livres, não podem separar-se de Deus pelo pecado; pois pecado é ignorância e erro, incompatível com o estado de sapiência em que se acham esses seres.

Os sacerdotes promovem a *tradição unilateral* (parcialismo).

Os profetas promovem a *evolução onilateral* (totalismo).

Em tempos tranqüilos, o homem prefere ser tradicionalista, dogmático, porque é a voz da inércia e do menor esforço moral, porquanto é cômodo aceitar uma religião estática, já devidamente cristalizada em formas concretas; mas, em períodos de crise espiritual e calamidade, o homem, em geral, não se contenta com essas fórmulas feitas; tem a imperiosa necessidade de ter uma experiência direta e pessoal de Deus, porque só esse contato pessoal com o Infinito promete e garante ao homem suficiente força para sair vitorioso da crise e calamidade interior em que se acha empenhado. Em tempo de crise, todo homem se torna ou um místico ou então um apóstata. Não é possível manter uma mediocridade estática, é necessário passar para uma superioridade dinâmica — ou então perder-se de vez.

Assim se explica por que os três primeiros séculos do cristianismo são a idade áurea da mística espontânea, tempo em que os discípulos de Jesus viviam da imediata experiência de Deus, sem nada saberem de teses, teorias e hipóteses teológicas ou exegéticas sobre Deus. Ninguém enfrenta leões no anfiteatro, ninguém sobe à fogueira para ser queimado vivo, ninguém se estende sobre a roda de suplício para ser martirizado só porque estudou bem uma tese teológica sobre a Santíssima Trindade, ou porque fez uma brilhante dissertação sobre o texto "Tu és Pedro..."

Toda a mística é irracional, do ponto de vista do intelecto analítico, embora essa aparente irracionalidade seja, de fato, uma pleni-racionalidade. A mística é tão estupidamente racional (espiritual) que à semiluz do intelecto essa pleniluz da razão parece escuridão, assim como uma luz altamente potencializada atua como treva sobre o nosso órgão visual, ou como o supersônico é, para o nosso ouvido, ausência de som, silêncio.

Para cá da experiência do Pentecostes o homem conhece ou crê coisas *sobre* Deus — para lá do Pentecostes o homem sabe *a* Deus. Só esse saber ou saborear a Deus é que dá invencível coragem, entusiasmo e paixão pelo reino de Deus.

Só quando o sujeito se *identifica* com o objeto, se ele *é* o objeto e *vive* essa completa identidade com o objeto, é que pode realmente *saber* o que o objeto é. Saber é saborear, e esse ato supõe identificação entre o sujeito e o objeto.

Bergson exemplifica:

Estou sentado à beira-mar: Eu e a água. 1) Posso *pensar* algo sobre a água: a) que é H_2O, b) que é salgada, c) que tem certa temperatura, d) que é líquida — mas nenhum desses processos cogitativos me faz *conhecer* a água em sua íntima realidade; eu não posso pensar a essência da água, só posso pensar sobre as suas aparências existenciais. 2) Posso também *sentir* a água: a) se entrar nela com os pés, as mãos, ou com o corpo todo, tomando banho, b) se a tomar na boca e engolir — mas nem assim eu *sei* de fato o que a água é. 3) Se eu, porém, pudesse derreter-me e desintegrar-me totalmente e depois reintegrar-me em forma de água, isto é, se eu, o sujeito, me transmudasse completamente na água, o objeto, eu *saberia* de fato o que a água é na sua realidade íntima e essencial; porque, em última análise, só *sei* o que *sou*, e não penso intelectualmente ou sinto fisicamente.

Saber é ser!

Quem não é o seu objeto não o conhece!

Ora, essa identificação do *Eu humano* com o *Tu divino* é que nos faz saber realmente: a) o que é esse Eu, b) o que é Deus — que Deus é a Realidade absoluta e única e que o Eu é uma das suas manifestações, e nada mais. Não há no Eu uma nova realidade adicional que antes desse Eu não tenha existido — há apenas uma nova individualidade, uma nova existência da eterna e única essência ou Realidade, Deus. No pequeno Eu a consciência da Realidade aparece limitada, ao passo que em Deus essa consciência é ilimitada.

Sei o que sou!

Mas, como o *agir* segue invariavelmente ao *ser*, é claro que, sabendo o que sou, agirei naturalmente segundo aquilo que sou e que sei. Com outras palavras: a minha *ética* (agir) será sintonizada pela minha *metafísica* ou *ontologia* (ser). A natureza do meu ser será a bitola da minha vida ética.

Quem se identifica com o seu *pensar* ou o seu *sentir* (intelecto ou sentidos) divorcia-se do seu verdadeiro ser, tomando o pseudo-ser pelo ser real, porquanto o pensar e o sentir são apenas *processos periféricos e transitórios* do verdadeiro *ser central e eterno*.

Servindo-nos da narração simbólica do Gênesis, poderíamos dizer:

1) No paraíso terrestre (natureza infraconsciente) vivia o homem no plano ínfimo do simples *sentir* — espécie de sono profundo sem sonhos —; não pensava nada.

2) Quando comeu do "fruto da árvore do conhecimento" (intelectual), ingressou no reinado da "serpente", símbolo do intelecto, e começou a *pensar* — imerso num como sono povoado de sonhos, que não revelavam a realidade, mas eram apenas miragens da mesma.

3) Quando o homem "esmagar a cabeça da serpente", quando ultrapassar o processo intelectivo do pensamento analítico, em que vive ainda agora, intuirá a realidade em si mesma, terá um *saber* direto e imediato da essência e verdadeira natureza de si próprio, de Deus e do mundo inteiro — despertará do longo sono sem sonhos, dos sentidos, e também do sono povoado de sonhos, da inteligência, e abrirá os olhos para a grande alvorada da perfeita vigília, que é o mundo da verdade sem véu.

Na culminância da Realidade coincidem em perfeita identidade a Racionalidade e a Mística, que, por entre as penumbras das baixadas, parecem antagônicas e irreconciliáveis.

Deus, que é a eterna *Razão* (o *Logos*), é também o *Amor* infinito

— e o homem que atingiu o ápice da racionalidade culminou no vértice do amor.

"O amor é a mais alta racionalidade"...

5. Filosofia ética, social e política de Bergson

Em contraposição a Hegel e a toda a ala da supremacia estatal, defende Bergson o valor supremo da *individualidade* humana. Qualquer espécie de sociedade é um meio, e não um fim em si mesma.

Essa vigorosa focalização da individualidade humana é, sem dúvida, uma das razões precípuas por que a filosofia bergsoniana goza de tão universal simpatia entre as classes *cultas* (e não apenas *civilizadas*) de quase todos os países. Convém, todavia, notar que *individualidade* não é individualismo. Bergson não advoga a soberania do Ego personal, do pseudo-eu periférico, físico-mental, ideologia essa que levaria fatalmente à desintegração da sociedade, uma vez que todo egoísmo é desintegrante e dispersivo. O que ele entende por *indivíduo* é o Eu central, real, a alma humana, a essência espiritual do homem. É lógico que a sociedade ou o Estado (que, para Bergson, não é uma entidade autônoma, transcendente, como para Hegel) tenham a função de promover a verdadeira prosperidade do Eu humano, e não devam servir-se dela como de um meio para seus fins peculiares. Bergson aprova integralmente o pensamento de Kant, de que, em caso algum, pode o Eu humano ser usado como um meio para outros fins, mas que ele é um fim em si mesmo. Por isso, durante o domínio nazista e fascista na Europa, Bergson combateu vigorosamente essa ideologia, acabando por abandonar a Europa durante a Segunda Guerra Mundial e ir lecionar nos Estados Unidos, onde podia continuar a proclamar livremente essa grande verdade.

No terreno econômico-industrial, defende Bergson, coerentemente, essa mesma idéia ético-social: o Eu humano não deve ser reduzido a uma *máquina* ou a uma *coisa*, porque isso é adulteração da sua individualidade, gera descontentamento do trabalho e produz a revolta das massas assim exploradas. O comunismo de Marx, Engels, Lenin, Stalin e outros é filho legítimo do estatismo de Hegel. A opressão e a abolição do Eu humano, como apregoada pela filosofia estatal de Hegel, gera uma revolta íntima, porque tenta adulterar a íntima essência do Eu, que não é adulterável, e os explorados se arvoram em exploradores. É claro que o comunismo é inimigo mortal do nazismo, mas nem por isso deixa de ser verdade que é filho legítimo, ou irmão gêmeo, dele — porque os extremos se tocam. O estatismo hegeliano abole a individualidade, inventando uma entidade supra-individual na forma da divindade estatal autônoma, que maneja o indivíduo humano como um joguete ou fantoche sem direitos — o comunismo marxista, por seu turno, derribando do trono essa divindade *supra-individual*, substitui-a pela divindade do coletivo. Se o *supra-individualismo* de Hegel suplanta a personalidade humana por uma *hipertrofia* heterogênea, o *infra-individualismo* de Marx elimina-a por uma *hipotrofia* (ou atrofia) não menos heterogênea. Pouco importa que o Eu humano seja morto por excesso ou por deficiência — em qualquer hipótese, ele é destruído, tanto pelos hegelianos como pelos marxistas. Para aqueles, o Eu humano é escravo do Estado *supra-individual* — para estes, ele é sacrificado ao moleque da sociedade *infra-individual*.

Entre esses dois extremos, que se unem no mesmo mal, devia estar a democracia — mas, infelizmente, ela não está. Por que não? Porque as democracias que conhecemos são, como regimes políticos, a apologia do *personalismo*, do ego, e não da *individualidade* do Eu. Uma democracia real e genuína seria o mais alto triunfo da individualidade humana, isto é, do homem genuíno e integral, seria uma verdadeira *cosmocracia*, ou seja, o cristianismo social. Tanto os hegelianos como os marxistas detestam as democracias e derramam sobre elas todo o seu vocabulário de impropérios. Entretanto, o que eles visam são as pseudodemocracias que conhecemos no presente, e não a verdadeira democracia, a cosmocracia do futuro, que, praticamente, ignoramos. As nossas democracias não passam de autarquias personais coletivas.

O que os regimes democráticos entendem, geralmente, por personalidade, liberdade, e todos os outros *slogans* que são de uso e abuso entre nós, é, em última análise, a absoluta indisciplina e soltura do ego humano, carta branca para todos os seus caprichos e egoísmos. Essa pseudodemocracia não pode, naturalmente, inspirar respeito aos antidemocráticos da direita ou da esquerda. Se a verdadeira democracia existisse como regime político, expressão lídima do altruísmo e do amor espontâneo, não tardariam os hegelianos e marxistas sinceros a respeitá-la.

Bergson defende, direta ou indiretamente, uma *democracia cosmocrática*, e não autárquica. Claro está que semelhante regime não pode ser estabelecido por um decreto, mas tem de ser o resultado de uma evolução do homem integral, essa evolução que vai com passos mínimos em espaços máximos, como o crescimento imperceptível de uma planta, como o amadurecimento gradual de uma fruta.

A segurança material, alvo de todas as ditaduras, tem de ser o fruto espontâneo da realização individual, ideal das democracias. O coletivismo estável é o produto final de individualidades perfeitamente amadurecidas em toda a sua profundeza e amplitude.

Para Bergson só existe uma política estável e garantida: a que deriva da própria natureza humana.

Apoteose do nirvana da vida humana

Arthur Schopenhauer (1788-1860)

Em sua obra-prima, *Die Welt als Wille und Vorstellung* (*O mundo como vontade e como representação*), canta esse Buda europeu as grandezas da não-existência, a total extinção da vontade individual.

Juntamente com Nietzsche é Schopenhauer o filósofo germânico mais lido e citado, embora muitas das idéias desses dois pensadores tenham tanto de louco como de genial. Grande parte do público ledor gosta de ideologias extremas e ousadas, porque, embora o que dizem não seja aceitável, o que não dizem mas fazem adivinhar é misterioso e fascinante.

O que sei do mundo, dissera Kant, é o meu reflexo subjetivo do mesmo; o mundo objetivo em si é para mim um ignoto. Do mundo objetivo (*das Ding an sich*) nada sabemos. Tudo que sabemos é o reflexo interno dessa realidade externa, eternamente desconhecida.

Esse mundo subjetivo é que Kant chama o mundo fenomenológico, ou simplesmente o fenômeno, isto é, a aparência.

O meu mundo fenomenológico é, pois, um composto do mundo objetivo (espécie de matéria-prima) e da minha impressão subjetiva (espécie de forma por mim impressa a esse mundo). Esse mundo interno é inteiramente moldado por minhas categorias cognoscitivas (tempo, espaço, causalidade); se outra fora a minha natureza humana, outro seria o meu aparelho cognoscitivo e outro seria o meu mundo conhecido. Mas, como ninguém pode sair da sua natureza humana, ninguém pode ter do mundo externo outra experiência que não seja humana. Estamos determinados *a priori* a ver o mundo, não como ele é, mas, sim, como nós somos.

Esse apriorismo cognoscitivo não me permite afirmar nem negar nada do mundo objetivo, externo; tudo que posso afirmar ou negar se refere unicamente ao meu mundo fenomenológico interno. Para além deste meu mundo humano jaz o mundo cósmico, incógnito, incognoscível. O homem ingênuo e inexperiente vive na perpétua ilusão dessa grande verdade, confundindo inconscientemente esses dois hemisférios, afirmando ou negando do mundo objetivo o que deveria afirmar ou negar apenas do seu mundo subjetivo.

Schopenhauer, meditando sobre essas teses de Kant, pergunta a si mesmo: por que razão estabelece o filósofo de Königsberg uma diferença essencial entre o sujeito e o objeto? Entre o Eu e o não-Eu? Por que funcionaria o Eu de outro modo que o não-Eu? Por que esse dualismo arbitrário, quando o sujeito é uma parte do objeto e as leis que governam o Eu e o não-Eu são as mesmas? Não há duas legislações cósmicas, uma para o sujeito, outra para o objeto.

Ora, conclui Schopenhauer, devemos julgar o objeto de acordo com o sujeito, este é a norma cognitiva para aquele.

O que é essencial no sujeito? Qual é a quintessência da natureza humana?

Se eu descobrir a natureza íntima do meu Eu humano, conhecerei também a íntima natureza do não-Eu cósmico, do mundo em derredor.

Que é, pois, o âmago do Eu humano?

Descartes, Spinoza, Leibniz, Hegel e todos os racionalistas afirmam que a essência do homem é a razão, que se revela em pensamentos e se externa em palavras. E daí concluem eles o "panlogismo", ou seja, a "oni-racionalidade" do universo.

Schopenhauer, porém, descobriu que o principal e típico no homem é a vontade, o *querer*, e não o *pensar*. O pensar, o inteligir, é apenas um fenômeno derivado e concomitante do querer. Querer é a substância, pensar é o acidente. Não é o nosso pensar que determina o nosso querer — mas é este que determina aquele. Se, antes de pensar conscientemente, eu não quisesse inconscientemente esse objeto, não o pensaria, porque não teria interesse algum em pensá-lo. O nosso pensamento reveste inevitavelmente a cor dos nossos desejos — e Schopenhauer toma a palavra "vontade" no sentido mais amplo de instinto, desejo, por mais inconsciente que seja.

Ora, como o querer é a essência do sujeito, é também a íntima natureza do objeto. O homem é um feixe de vontades — e o mundo é uma imensa síntese de querer. O mundo é um ininterrupto querer objetivado.

Antes de tudo, diz o filósofo, o meu corpo é o produto de um querer, ou melhor, de duas vontades ou desejos; é uma individualização e concretização de duas vontades externas (pais) e de uma vontade interna (o meu Eu pré-individual).

A vontade não-manifestada no intelecto é inconsciente. O intelecto é o princípio do egoísmo individual.

Nos reinos da natureza infra-humana, o intelecto é pouco desenvolvido; predomina a vontade inconsciente.

No Universo, a vontade é o Um, o Todo, a Substância, o Absoluto, o Eidos, a Forma pura, Deus. Essa vontade é essencialmente impessoal. Se fosse pessoal seria intelecto. É, por assim dizer, força sem luz. A vontade é poderosa, porém cega — o intelecto é luminoso, mas fraco. A vontade é o universal, o intelecto é o princípio de individualização. Aquela é comparável ao oceano — este é semelhante a uma onda na sua superfície.

A vontade é a permanente creadora do universo; enquanto houver vontade, haverá mundo. Tudo nasce da força cega e impulsiva da vontade universal.

Não há nascimento nem morte nos domínios da vontade. Universal em si mesma, é ela a interminável fonte de vidas individuais, porque vida é individualização.

Mas toda vida individual é essencialmente sofrimento, porque é egoísmo, tendência egocêntrica. Só quando a vida individual acabar em desindividualização, reuniversalizando-se, só se essas pequenas ondas vitais recaírem no seio do grande pélago cósmico é que terminará o sofrimento e começará a felicidade.

Nirvana — diria Buda —, extinção do ego individual.

Este mundo, portanto, feito de vidas individuais, é o pior dos mundos que se pode conceber — é o mundo de Lúcifer, de Satanás. Se este mundo foi creado, diz Schopenhauer, o seu creador não foi nenhum Deus — mas foi o diabo!

A doutrina ética de Jesus e de Buda, afirma ele, são visceralmente negativas; extinguir quanto possível a vida terrestre e detestar todos os seus atrativos — que é o cristianismo senão isto? Os ascetas e penitentes são os únicos cristãos integrais — a lógica absoluta seria o suicídio em massa. Por que era Jesus tão amigo dos pobres, dos sofredores, dos deserdados e desprezados? E por que lançou ele tão terríveis anátemas contra os ricos e os gozadores da vida? Porque aqueles eram a negação, e estes a afirmação da vida.

O Evangelho de Jesus e a filosofia de Buda são essencialmente negativos e nirvânicos, afirma Schopenhauer.

Nascer é pecado — desnascer é virtude!

Por isso, são todos os homens espirituais contrários ao matrimônio e às relações sexuais, veículo desse pecado ininterrupto da individualização humana. Foi por isso que Jesus disse que "na vida futura não se casa nem se dá em casamento, porque os homens serão como os anjos de Deus"; por isso cantou ele os louvores daqueles que "se fazem eunucos por amor ao reino de Deus".

É com irresistível eloqüência que Schopenhauer canta as grandezas do niilismo absoluto e do Nirvana radical da vida humana — embora ele mesmo, na sua vida prática, nunca desse sinal desse ascetismo. Tem-se dito que a filosofia desse homem é a "escrita especular" da sua vida: enaltece com arrebatadora veemência um ideal que vislumbrava ao longe, mas que era o avesso da sua realidade cotidiana.

Se tivesse vivido no tempo de Gandhi, e ouvisse que esse grande líder religioso e político de centenas de milhões de homens, aos 37 anos, fizera completa e irrevogável abstenção sexual, Schopenhauer o teria invocado como seu principal patrono nos tempos modernos — pelo menos no campo das teorias abstratas...

O nosso filósofo, embora filho de família protestante, tem palavras acerbas contra o protestantismo como sistema teológico, porque não compreende a essência do cristianismo, que, segundo esse pessimista, é visceralmente negativista.

Invectivas mais acerbas ainda lança ele contra o sexo feminino. A mulher, acha ele, é a principal responsável pelas misérias humanas, por ser a mais culpada por essa ininterrupta cadeia de novos indivíduos humanos. O homem, de per si, não está interessado na perpetuação da espécie; ele é simplesmente macho, mas não pai, ao passo que a mulher tem muito maior necessidade de ser mãe do que fêmea, como, aliás, indica toda a sua anatomia e psicologia. Ela engana o homem com a sua estonteante fascinação ("*mit dem Mädchen hat die Natur es auf einen Knalleffekt abgesehen*") e, quando o homem percebe a sua loucura, é tarde — mas a mulher conseguiu o que queria, porque a diplomacia passiva do chamado "sexo fraco" é muito mais poderosa que toda a política ativa do sexo forte.

O homem, inebriado pela efêmera graça feminina, inventou essa ridícula mentira de ser a mulher o "belo sexo", quando, na realidade, toda a beleza está com o homem, como bem sabiam os escritores e escultores gregos, que sempre consideraram o corpo masculino, com suas linhas retas, como o tipo clássico de formosura, e não as linhas curvas da mulher.

Se representássemos, estilizado, o que Schopenhauer diz da anatomia masculina e feminina, resultaria, mais ou menos, nas figuras seguintes:

Todo o corpo e esqueleto da mulher indica que ela é, antes de tudo, destinada a ser mãe, sexo, e não personalidade, ao passo que o

Homem: Mulher:

esqueleto do homem revela, sobretudo, a sua personalidade humana, e não as suas funções sexuais.

Como no corpo, também no caráter da mulher tudo é curvilíneo: procura conseguir os seus fins por vias indiretas, disfarçadas, diplomáticas — ao passo que o homem autêntico é essencialmente retilíneo, sincero, franco, por vezes brutal, mas sempre luta de viseira erguida, agride de frente, e não pelas costas, etc.

Mais uma vez se confirmou o dito de Fichte, de que o sistema da nossa filosofia não é senão a história da nossa própria vida. A infância e mocidade de Schopenhauer foram profundamente felizes, e a infelicidade lhe veio de uma mulher — de sua própria mãe, Joana Schopenhauer, célebre escritora, cuja vida de esposa e mãe nada oferecia de belo e atraente e tudo de repugnante ao jovem Arthur. Do desprezo e ódio a sua mãe passou ele à antipatia a sua irmã — e, finalmente, envolveu no fel das suas críticas todos os seres do sexo feminino. E, como "o coração tem razões que a razão desconhece", Schopenhauer, consciente ou inconscientemente, procurou racionalizar as razões do coração que a razão ignora.

* * *

O homem, diz Schopenhauer, herda do pai o universal, a vontade, e da mãe o individual, o intelecto. A mãe do nosso filósofo era uma mulher altamente intelectual; seu pai era um homem vulgar, prosaico, e, não podendo acompanhar a esposa nos seus vôos literários, decaiu para as baixadas do amor livre — que, aliás, também não eram terra incógnita para Joana.

Arthur ficou órfão de pai na infância. A mãe, ouvindo de Goethe que seu filho seria uma celebridade, expulsou-o de casa, porque não cabiam dois gênios sob o mesmo teto. Arthur profetizou-lhe que ela seria célebre, não em virtude dos seus romances, mas, sim, por causa de seu filho filósofo.

Raras vezes terá havido homem mais egoísta e convencido do que Arthur Schopenhauer. Tinha-se em conta do único filósofo autêntico da Europa e do mundo.

Sua avó materna morrera louca. Arthur sofria da fobia de perseguição. Só dormia com duas pistolas carregadas à cabeceira da cama. Não criou jamais suficiente confiança na navalha do barbeiro para lhe entregar sua barba. Guardava até as chaves para ocultar seus cachimbos. Gostava do silêncio. Detestava o barulho. Barulho e gênio, dizia, são coisas incompatíveis.

Estava sempre na expectativa da fama, mas ela lhe veio só pelo fim da vida. A inveja da fama alheia roeu a alma desse introvertido.

Sem pai, sem mãe, sem amigo, sem esposa, viveu Schopenhauer uma vida tristonha e solitária. Seu único amigo era um cachorrinho, que o acompanhava por toda parte e ao qual o povo pôs o apelido irônico de "Schopenhauer Júnior".

Tomava as suas refeições num restaurante chamado "Englischer Hof", freqüentado por numerosos ingleses. Antes de começar a comer, colocava sempre sobre a mesa, ao lado do prato, uma moeda de ouro; perguntado, um dia, pelo garçom, por que assim fazia, respondeu que apostava cada dia consigo mesmo e que prometera lançar a moeda na caixa dos pobres se perdesse a aposta; interrogado sobre o objeto da aposta, explicou o filósofo que apostava que os oficiais ingleses da mesa vizinha nunca teriam outro assunto de conversa que não fossem mulheres, cães e cavalos de raça — e que nunca perdera a aposta, e os pobres ficavam sem a esmola.

O manuscrito do livro *Die Welt als Wille und Vorstellung*, remetido ao editor com uma série de belos epítetos, teve de esperar nas oficinas nada menos que vinte longos anos — mas finalmente saiu e aos poucos arquitetou a glória filosófica de Arthur Schopenhauer, o mais eloqüente advogado do Nirvana da vida humana.

Filosofia do evolucionismo dinâmico

Friedrich Nietzsche (1844-1900)

O mais influente dos filósofos germânicos, depois de Kant e Hegel, foi Nietzsche — esse gênio noturno das afirmações e negações categóricas, esse brilhante estilista que, qual ciclone devastador, passou pela Europa no século XIX.

Profundamente desgostoso da civilização ocidental, procura Nietzsche diagnosticar-lhe o mal e aplicar-lhe o remédio. Em muitos casos acertou com a diagnose; poucas vezes, porém, soube ministrar remédio eficaz à humanidade enferma. A filosofia de Nietzsche é bem mais destruidora do que construtiva.

De dois males fundamentais acusa ele a humanidade ocidental: 1) de árido intelectualismo e 2) de um mórbido moralismo. Aquele vem principalmente da raça germânica, enquanto por este é responsável o judeu Paulo de Tarso.

Após quarenta anos de estudos e observações, havia Charles Darwin publicado sua obra sobre *A origem das espécies*, provando a realidade de uma evolução constante no mundo orgânico. A natureza inteira está empenhada num intenso "*struggle for life*" (luta pela vida), donde resulta o "*survival of the fittest*" (sobrevivência do mais apto), e a correspondente eliminação do menos apto. Assim, pela constante eliminação dos elementos fracos e negativos, e conservação sistemática dos elementos fortes e positivos, era possível um progresso em sentido ascensional, porque da conjugação dos *melhores* resultava necessariamente o aparecimento do *ótimo*.

Essa seleção natural dos elementos mais aptos é um instinto inerente a todos os organismos. A natureza, graças à sua profunda sapiência cósmica, não quer o imperfeito, mas luta pelo que é perfeito. Essa luta universal que observamos no seio da natureza não é uma guerra de *extermínio*, mas uma luta de *equilíbrio* e de *melhoramento*. Não se matam os seres uns aos outros para *destruir*, matam-se para *construir* um mundo cada vez melhor.

Quer dizer que essa "luta pela vida" não tem caráter meramente horizontal — o simples desejo de *existir* —, mas revela índole ascensional — o impulso de *viver melhor*. Os organismos não querem apenas uma vida qualquer, precária ou primitiva — aspiram a uma vida mais abundante e rica do que hoje possuem. As potencialidades latentes em cada ser facultam essa ascensão progressiva.

Nietzsche julgou ter descoberto nesse princípio inerente ao mundo orgânico a solução para os problemas da humanidade; era necessário que o homem fizesse conscientemente o que os seres inferiores faziam inconscientemente: eliminar o que é fraco e incrementar o que é forte, a fim de elevar cada vez mais esse "forte" até atingir o "fortíssimo". O infra-homem de ontem atingiu as alturas do homem de hoje — mas o homem de hoje é destinado a galgar as excelsitudes do super-homem de amanhã.

Por isso, conclui Nietzsche, proteger, ter compaixão e piedade com os elementos fracos da humanidade é contra a vontade cósmica e, portanto, eticamente reprovável, pecado contra a natureza. O homem, cônscio do seu grande destino, deve eliminar impiedosamente tudo que é fraco e afirmar corajosamente tudo que é forte — é esta a grande lei da seleção no plano humano.

É necessário, portanto, passar "para além das fronteiras do bem e do mal ("*Jenseits von Gut un Böse*"). Virá o grande "crepúsculo dos deuses" ("*Götterdaemmerung*") da atualidade, quando o homem, o super-homem do futuro, se rirá complacentemente desta ética de jardim de infância que, em nossa ignorância, proclamamos como a última palavra da sabedoria humana e divina.

No mundo inferior, as massas não têm razão de ser em si mesmas, são apenas um meio, um vasto pedestal, para que uma pequena elite possa atingir o seu alto destino. A natureza não é *democrática*, é *aristocrática*; o pé da pirâmide evolutiva tem a finalidade de suportar o vértice.

A vontade última da natureza é a creação do homem perfeito, o super-homem. Morram milhares e milhões de infra-homens, ou semi-homens — contanto que apareça o pleni-homem!

O intelectualismo árido, diz Nietzsche, patrocinado sobretudo pelas universidades germânicas, e o moralismo mórbido, iniciado pelo apóstolo Paulo e continuado pelos teólogos da Igreja cristã —

eis os grandes impedimentos para o aparecimento do homem integral e perfeito!

O homem erudito e moral vive prosaicamente no presente, já não sabe sonhar com o futuro — é necessário que tornemos a sonhar mais e pensar menos. Sonhar é viver!

"*Der Wille zur Macht*", a vontade do poder, é o imperativo categórico da natureza e deve ser o sonho supremo da humanidade. Só o homem cônscio do seu poder é que é feliz, profundamente feliz.

Compreende-se, em face dessa orientação geral da filosofia nietzschiana, por que Hitler e os nazistas tenham visto em Nietzsche um precursor da política da violência, mais profundamente subestruturada pelas ideologias de Hegel, como vimos. Do superpovo ariano devia surgir, um dia, o super-homem germânico. Verdade é que Nietzsche nunca professou racismo nem anti-semitismo, como os nazistas; para ele, o super-homem surgiria do vasto seio da humanidade como tal, e não desta ou daquela raça individualmente tomada. Nem tampouco proclamou um supertigre ou superleão, um super-homem pela violência física.

Schopenhauer havia proclamado como princípio básico da vida e da filosofia "*Der Wille zum Leben*" (a vontade de viver), e tinha considerado esse desejo vital como a raiz de todos os males da existência. Nietzsche, por seu turno, não apregoa apenas a vontade de viver, mas a vontade de viver poderosamente como o segredo da redenção e o elixir da perfeita felicidade.

A fim de ilustrar o seu pensamento, recorre ele à comparação de Apolo e Dionísio, figuras da mitologia greco-romana, que, para o filósofo, simbolizam a inteligência abstrata (Apolo) e a vontade concreta (Dionísio). O Ocidente, diz ele, sofre de uma hipertrofia unilateral do intelecto e de uma atrofia vital; o homem ocidental sacrifica a vida pelo pensamento, em vez de fecundar a vida pelo pensamento; vive para pensar em vez de pensar para viver.

No seu livro mais conhecido, *Also sprach Zarathustra*, expõe ele a quintessência da sua filosofia ética e vital, quase sempre em forma de aforismos desconexos, vazados em sentenças categóricas. Nietzsche nunca se dá ao trabalho de provar, mediante concatenação lógica de conceitos, o que avança tão afoitamente. Os seus discípulos devem crer no que o mestre diz. Fala antes como profeta do que como filósofo.

A humanidade de hoje, diz, está doente, é feia e infeliz — ao passo que o animal é, quase sempre, sadio, belo e feliz. Será que o homem é inferior ao bruto? Não! Mas é que o homem de hoje não chegou ainda à sua perfeição, que o mundo inferior já atingiu. Entretanto, o destino do homem é incomparavelmente mais glorioso do que o de qualquer outra creatura sobre a face da terra. Basta que o homem se guie pelo mais profundo instinto da sua natureza: a vontade do poder.

* * *

Contra o apóstolo Paulo, lança Nietzsche as mais graves acusações, considerando-o o principal responsável pelas misérias da humanidade do Ocidente. O cristianismo, destinado a redimir o homem de todos os males, foi ineficaz porque, logo no princípio, foi gravemente adulterado por um rabino judeu convertido, que contrabandeou, inconscientemente, para dentro da Igreja cristã, certas idéias negativas que, hoje em dia, são consideradas erroneamente parte integrante do cristianismo, neutralizando-lhe a potência redentora. Três elementos visceralmente antricristãos, diz Nietzsche, inoculou Paulo no organismo cristão, a saber: 1) a idéia da maldade natural do homem, 2) a concepção absurda da redenção pelo sangue, tirada da cerimônia do bode expiatório do Antigo Testamento, 3) o horror ao sexo, em que ele vê a pureza do cristianismo.

O cristianismo, na sua forma católico-romana, encampou todos esses três elementos funestos, ao passo que o protestantismo conservou os dois primeiros, abandonando o terceiro. Mas nem o catolicismo romano nem o protestantismo evangélico representam o cristianismo autêntico em toda a sua pureza.

O apóstolo Paulo, diz o filósofo, tinha medo da vida e de si mesmo; pôs o cristianismo fora da vida, em vez de integrar a vida do cristianismo.

Nietzsche, como se vê, é essencialmente pelagiano e, por isso mesmo, antipaulino e antiagostiniano. Jesus, diz ele, nada sabia da essencial maldade do homem; o homem é naturalmente bom e puro, mas faz-se mau e impuro pelo absurdo da sua liberdade. Se o homem não fosse intrinsecamente bom não poderia ser redimido, e o advento do super-homem, que é o homem no zênite da sua bondade, seria absolutamente impossível. O Cristo deu ao homem o exemplo da auto-redenção. Nenhum homem pode ser salvo de fora, mas todo homem pode salvar-se de dentro. O pessimismo paulino afastou o homem ocidental do otimismo, ou melhor, do realismo de Jesus.

Jesus não considerava a vida sexual, devidamente controlada, algo indigno do homem perfeito, nem via a perfeição do homem no celibato absoluto, que é uma adulteração da natureza humana.

Jesus era forte — Paulo era fraco.

O herói trágico de Nazaré arrostou, com serena firmeza, os horrores do universo, sem temor nem ódio, porque vivia permanentemente identificado com esse profundo senso místico que se sente "em casa" em qualquer situação da existência, porque vive intensamente a sua eterna e indestrutível unidade com o cosmos.

O Cristo — isto é, o Cristo do Evangelho, e não o das Igrejas — veio tornar-se para Nietzsche o símbolo de algo eterno e universal. O super-homem de Nietzsche, quando bem interpretado, tem as feições do Cristo, senhor de todas as forças da natureza e do seu próprio corpo, poderoso sem violência, benévolo sem fraqueza, servidor de todos sem servilismo.

Ler as obras de Nietzsche é atravessar uma noite escura e profunda, interrompida freqüentemente de lampejos e relâmpagos longínquos. Por vezes, essas luzes estranhas se assemelham aos lampejos de um gênio ou de um místico — não raro, fazem lembrar as blasfêmias de um satanás ou os fogos-fátuos de um cérebro desequilibrado. Nietzsche passou o último decênio da sua vida à sombra de um hospício, numa sucessão de trevas espessas e de momentos de intensa lucidez.

Foi assim que o drama da filosofia contemporânea européia deixou o cenário do século XIX e transpôs o limiar do século XX: conduzida por um gênio, um místico — e um mentecapto...

Quantos mistérios num só homem!...

Filosofia da vontade e do poder. Conspecto e perspectiva

Hegel, Nietzsche, Marx, Dewey e outros

Desde os tempos de Kant, e mesmo antes, notam-se duas tendências distintas no campo da filosofia do Ocidente, tendências que poderíamos chamar filosofia *intelectual* e filosofia *volitiva*.

Hegel, Schopenhauer, Nietzsche, Marx, Engels, Dewey e muitos outros pensadores ou sistematizadores pós-kantianos, embora desconexos ou até antagônicos na superfície, possuem, em suas profundezas, uma afinidade subterrânea que eles mesmos talvez ignorem ou neguem.

Mostrara Kant nos seus dois livros, sobre a Razão Pura (intelecto) e a Razão Prática (vontade), que esta segunda faculdade atinge "*das Ding an sich*", a essência das coisas, a *realidade objetiva* em si, ao passo que a primeira faculdade arranha apenas, ao de leve, a camada externa das coisas, ou seja, o *fenômeno subjetivo*. Quer dizer que a Razão Prática é bem mais poderosa do que a Razão Pura, embora paire em regiões transcendentes ao alcance dos sentidos e do intelecto. O que, em Lógica, se chama "indução" e "dedução" é bem um paralelo ao que Kant entende pela função do intelecto e da vontade.

Hegel desenvolve a idéia da entidade estatal, que, para ele, é algo intermediário entre o homem e Deus, espécie de semideus ou demiurgo, quase como o Cristo de Ário, que não era nem Deus nem homem, mas um tal ou qual "gênio cósmico" intermediário entre este e aquele.

Para Hegel, o Estado, ou, no dizer dele, o "espírito objetivo", não é a simples Razão Pura (intelecto), nem a Razão Prática (vontade), de Kant, no sentido absoluto; pode-se dizer que é a Razão Prática no sentido relativo, isto é, a vontade objetiva.

De maneira que resultaria esta classificação:

— Intelecto = indivíduo (espírito subjetivo);

— Vontade = Estado (espírito objetivo);
— Razão = Deus (espírito absoluto).

Ora, a vontade não é simplesmente *refletora*, como o intelecto. O intelecto trata da *ciência*, que descobre *fatos reais* — a vontade trata da *consciência* (ética, filosofia, religião), que cria *valores realizáveis*.

Criar é mais que descobrir — isto é estático, aquilo é dinâmico.

A verdadeira filosofia, na sua expressão mais pura e genuína, não procura *conhecer como o mundo é* — mas, sim, *fazer o mundo como deve ser*. O papel da filosofia não é estático, passivo, mas dinâmico, ativo. A verdadeira filosofia é *criadora*, não apenas *descobridora*. O filósofo é um gênio criador empenhado na gênese do mundo, sobretudo do mundo humano. O mundo é como que matéria-prima, semi-amorfa, plasmável, e o filósofo é que é o plasmador, o gênio dinâmico que imprime forma a essa matéria formável.

Através dos livros de Schopenhauer e Nietzsche vai essa mesma concepção dinâmica da filosofia, com a diferença de que o primeiro vê no homem e no universo uma *vontade cega*, ao passo que o segundo enxerga neles um *querer vidente*, uma volição consciente, que Nietzsche chama "*Wille zur Macht*", a vontade para o poder, tendência essa que acabará por criar o *super-homem*.

A realidade, dizem esses filósofos volicionistas, não é uma *substância estática* que deva ser conhecida, mas um *processo dinâmico* que deve ser realizado pelo homem, o "deus na terra". "*Wirklichkeit ist das, was wirkt*", realidade é aquilo que realiza, que atua, opera, cria, produz.

Na Idade Média, o monge contemplativo na sua cela procurava conhecer a realidade metafísica, colocando a mente como um espelho diante do mundo objetivo, intensificando o poder intelectivo, fazendo de si uma espécie de vácuo passivo para que os fatos do mundo objetivamente real, já existente, viessem cair dentro desse vácuo — espécie de "vórtice de sucção" — e, destarte, produzissem o desejado "conhecimento". O objeto cognoscível, por assim dizer, vinha ter com o sujeito cognoscente.

Ora, dizem os volicionistas, passou-se essa era de cognição receptiva, de pacifismo passivo, irmão filosófico do ascetismo religioso, que nada julga poder fazer de dentro, mas tudo espera receber de fora.

Pode-se dizer que a concepção do processo cognitivo que predominava na Idade Média — e mesmo, em parte, antes, e ainda depois desse tempo — era e é *agostiniano*, ao passo que a concepção moderna dos volicionistas é *pelagiana*. Para o famoso bispo de

Hipona, o homem era de todo impotente — para o monge britânico de Roma o homem era potente, quase onipotente.

Desde a última metade do século XIX até o fim da primeira metade do século XX, a filosofia, sobretudo nos setores germânico, russo e norte-americano, é decididamente "pelagiana" (volitiva, dinâmica, otimista), procurando suplantar a orientação "agostiniana" (intelectiva, estática, pessimista).

Karl Marx é um dos mais autênticos representantes desse setor volicionista da filosofia moderna. O mundo não é algo feito, mas algo por fazer; não é um *Sein* (ser), mas, sim, um *Werden* (processo genético). O mundo foi entregue ao homem para que dele fizesse algo de mais real do que ele é. O homem realiza o mundo semi-real, porém realizável. O homem é o deus terrestre empenhado na grande obra da gênese, sobretudo no plano da humanidade. Se o Deus da Bíblia "descansou" no sétimo dia, depois de ter creado o homem, o Deus de Marx apanha as ferramentas lá onde Javé as deixou na véspera do primeiro sábado, e continua a esculpir a efígie do homem de amanhã no bloco semibruto da humanidade de ontem e de hoje. Quase nada está feito — tudo está por fazer, e tudo pode ser feito.

Nos Estados Unidos surge *John Dewey*, o maior filósofo daquele país, que faz eco a Hegel, Nietzsche e Marx, por menos que o devotado democrata antinazista e anticomunista queira aceitar esse paralelismo. É claro que, na superfície, a filosofia pragmatista de Dewey parece visceralmente antagônica ao estatismo hegeliano-nietzschiano e ao coletivismo marxista; no entanto, um estudo mais profundo revela em todas essas filosofias uma afinidade subterrânea. Todas elas são tendências volicionistas; todas elas detestam a estática e proclamam a cognição dinâmica; todas elas fazem do homem o criador do mundo de amanhã. Dewey chega ao ponto de afirmar que "verdade" é aquilo que eu considero e faço ser tal; eu é que crio a verdade, não a descubro apenas. O que é útil e vantajoso é verdadeiro — o que é inútil ou desvantajoso é falso. Não existe uma verdade ou inverdade em si mesma — só existe uma verdade ou inverdade relativamente à vida humana. Que me interessa *aquilo que é*, se ele não é algo *para mim*? Se dele nada posso *fazer*?

Segue-se que algo pode ser *objetivamente verdadeiro* e ao mesmo tempo *subjetivamente falso*, conforme o valor ou desvalor que ele tenha para minha vida. Pode a mesma coisa ser verdadeira (isto é, útil) para mim, e não-verdadeira (inútil) para meu vizinho.

A verdade é, pois, um *valor vital* — e não um *fato real*.

Eu é que faço a verdade, afirma enfaticamente John Dewey.

A verdade é, por sua essência, *pragmática*, isto é, prática, promotora de progresso e de conforto da vida.

Que outra filosofia podia ter nascido de um povo eminentemente prático, dinâmico, industrialista?

Que outra filosofia podia preludiar a era do militarismo nazista da Alemanha de Hitler, senão a da onipotência do Estado mediante as armas?

E que outra filosofia podia surgir num país onde o operariado vivia na miséria, senão a do imperialismo do proletariado?

Imperialismo industrialista!

Imperialismo militarista!

Imperialismo trabalhista!

O Estado de Hegel é impessoal.

Mais impessoal é o operariado de Marx.

Mais impessoal ainda é a máquina industrial de Dewey.

A tendência geral é a de uma progressiva despersonalização da personalidade humana. Objetiva-se o sujeito até a sua completa volatilização.

Todas essas ideologias nasceram do ventre da mesma mãe fecunda, que é a filosofia do dinamismo volitivo. A essência é a mesma, as manifestações são diferentes. Uma é a raiz, muitos são os brotos, os galhos, os ramos que dela surgiram.

Armas, ferramentas e máquinas — essa trindade nas mãos de soldados, operários, vai criar o novo mundo de amanhã.

* * *

E quando isso tiver acontecido plenamente — que humanidade teremos então?

Estaremos no céu — ou no inferno?

No cosmo — ou no caos?

Suponhamos que o homem, esse deus-na-terra da filosofia volicionista, tivesse, de fato, o poder de criar um mundo segundo a sua imagem e semelhança; que a "vontade dinâmica" fosse assaz forte para criar um super-homem — que teríamos então?

Esse mundo criado pelo homem, segundo a sua receita, seria tão indizivelmente insípido e sem encantos que seus íncolas, em vez de morrerem de fome, como acontece agora, morreriam de fastio. É que o homem não pode viver feliz num ambiente que não seja maior do que ele mesmo. Um homem auto-suficiente definha de inanição e atrofia interna, como um homem que não assimilasse nada de fora ou não respirasse a atmosfera em derredor. Uma vida sem mistério, sem algo que fique para além do homem, algo em que ele se possa integrar, ou mesmo "perder", sem alguma espécie de abismo, oceano ou floresta incógnita — sem alguma "fé" —, essa vida não seria vida autêntica, plena, abundante. Todo homem normal, para se sentir realmente feliz, tem a intensa necessidade do "devotamento", de integrar o seu pequeno Eu individual em algum grande Tu, em algum misterioso não-Eu universal. Ora, num mundo ego-fabricado faltaria esse elemento vital.

De resto, é perfeitamente ilusório pensar que a vontade humana, por mais poderosa e superpotencializada, possa produzir, na face da terra, algo essencialmente diverso e maior do que aquilo que o intelecto humano logrou produzir até hoje. Os abismos do globo terráqueo e os abismos do mundo sideral, dos sistemas solares e das galáxias cósmicas continuarão, praticamente, tão inatingíveis como hoje, seja qual for o avanço da ciência e da técnica do homem de amanhã ou do super-homem de milênios vindouros. Individualmente considerado, o homem será sempre um átomo infinitamente pequeno, perdido na imensidade de um universo infinitamente grande. O saber que ele pode ter do mundo será sempre como que uma minúscula casquinha de noz a flutuar, incerta e solitária, na ilimitada vastidão do oceano.

Einstein, em seu livro *Aus meinen späten Jahren*, faz ver que o *descobrimento de fatos reais* é a tarefa da ciência, ao passo que a *criação de valores realizáveis* é a missão da religião e da ética; nega que a felicidade seja uma dádiva da ciência, por mais vasta que ela seja.

Poderá a felicidade ser outorgada pela religião?

Pode.

É a religião um produto da vontade?

Não dessa vontade de que tratam as teorias filosóficas acima enumeradas, porque todas elas se limitam a realizar algo no plano horizontal dos fatos individuais, recaindo assim ao plano do intelecto, incapaz de tornar o homem realmente feliz.

Em resumo: nem o intelecto nem a vontade (individual) podem dar a verdadeira felicidade.

O filósofo, tanto intelectualista como volicionista, é necessariamente um homem insatisfeito. A felicidade deve vir de algo que transcenda o plano do intelecto e da vontade individuais. Essas faculdades são restritas à zona do pequeno *Aquém* — ao passo que a felicidade exige o grande *Além*, não o Além no sentido teológico-dogmático (que não existe num universo unitário), mas aquilo que ultrapassa as raias de qualquer percepção sensitiva, de qualquer concepção intelectiva e de qualquer produção volitiva.

Todo *Aquém-nismo* sensitivo-intelectivo-volitivo é fraco, insípido, insuficiente para satisfazer os mais profundos anseios do Eu humano, a sede da sua verdadeira beatitude. Onde faltam a escuridão do mistério, o halo do infinito, a profundeza do eterno, ali falta o elemento essencial para uma verdadeira felicidade, intensa e permanente — e é precisamente isso que está ausente de todas as teorias filosóficas puramente intelectuais e volitivas.

A verdadeira Filosofia não é simplesmente intelectual e volitiva — ela é racional, espiritual, cósmica. A Razão não é o intelecto nem a vontade, nem mesmo a síntese dos dois. A Razão é o *Logos*, o Espírito, o Deus-Creador, a Vida, que é a luz que ilumina a todo homem que vem a este mundo.

* * *

Onde impera a força bruta não domina a Razão. Ora, todas as teorias filosóficas engendradas pelo intelecto e pela vontade são sistemas que professam fé ilimitada na eficácia da violência, seja em forma de militarismo estatal, de comunismo operário ou de mecanicismo industrial; todos esses "ismos" escravizam o homem, de um ou outro modo, seja pelas armas, seja pelo trabalho compulsório, seja pelos capitais do industrial.

O "reino dos céus", porém, é prometido aos mansos e não aos violentos; e esse reino é essencialmente o reinado da Razão ou do Espírito, reinado intrinsecamente incompatível com qualquer espécie de força bruta. Jesus, Francisco de Assis, Tolstói, Gandhi, Schweitzer e outros homens que ultrapassaram as fronteiras do mundo individual e invadiram as regiões do universal, ou do racional-espiritual, abjuraram definitivamente toda e qualquer política de força física, porque sabiam e sabem de experiência própria que o poder do espírito começa lá onde termina o espírito do poder, e vice-versa; conheciam e conhecem a impotência da matéria e a onipotência do espírito.

Nesses últimos decênios, Mahatma Gandhi, esse gentio do Oriente, revelou-se mais autêntico discípulo do Cristo, o "Príncipe da Paz", do que a maior parte dos políticos e estadistas, dos teólogos e hierarcas cristãos do Ocidente, que, tanto no plano civil como no religioso, continuam a crer na eficácia da força bruta.

Hegel, Nietzsche, Marx, Dewey e todos os seus asseclas são, no fundo, apóstolos da violência e apóstatas do espírito.

Cresce o perigo e surgem proporções catastróficas quando essas filosofias essencialmente materialistas se revestem de roupagens de espiritualidade e defendem as suas teorias antiespirituais sob a bandeira de uma filosofia espiritualista. Poucos são os homens capazes de distinguir do erro a verdade, acabando por ser arrastados a funestas conclusões por essas premissas materialistas camufladas de espiritualidade.

Bem mesquinho deve ser o homem que, no âmbito do Ego individual ou do mundo material, encontre suficiente objeto de veneração. Essa atitude aquém-nista despoja a vida humana precisamente daquilo que a torna digna de ser vivida, privando-a do halo da grandeza e do fascínio do infinito e tornando-a, se não insuportável, pelo menos tediosa, banal e sem encantos.

Uma vida sem ilimitados horizontes abertos para o Além é antes uma permanente agonia ou uma pseudovida do que uma vida autêntica e plenamente vivida.

* * *

Mas quem nos poderá dar essa visão cósmica, essa filosofia cosmorâmica que, sem perder o interesse pelas coisas necessárias e boas da vida terrestre, tenha o seu ponto de gravitação e centro de interesses máximos no Universo do espírito?

Não há resposta direta a essa pergunta. Existe, todavia, uma resposta indireta, que cada homem tem de encontrar, se quiser ser feliz.

Saber não quer dizer ter ouvido ou ter lido; quer dizer *viver* ou *ser* aquilo que se sabe. Só *sei*, de fato, aquilo que *sou*. Não posso saber, compreender esse universo do *Logos*, da Razão, do Espírito, sem que o viva e seja, e para isso é necessário que minha evolução tipicamente humana atinja grandes alturas. Mas essa evolução do meu verdadeiro Eu humano é algo exclusivamente *meu*; ninguém o pode fazer por mim ou para mim; eu mesmo, personalissimamente, eu é que tenho de enfrentar esse grande problema, essa aventura máxima da minha vida: a minha atitude em face do Infinito, a minha relação pessoal com Deus, o meu encontro real com Cristo. Do fato e do grau dessa evolução e dessa consciência depende todo o resto: a solução ou não-solução dos outros problemas da minha existência. A solução do problema é a chave para todos os problemas periféricos.

A verdadeira Filosofia tem por objeto e missão orientar o homem nesse terreno e remover os obstáculos que, porventura, obstruam o caminho rumo a essa meta final.

Conhecer a verdade é ser livre.

Ser livre é ser feliz.

A verdadeira Filosofia — idêntica à verdadeira Religião — leva o homem ao conhecimento intuitivo e dinâmico da verdade libertadora, rumo a uma felicidade sólida, vasta, profunda, imperturbável.

DADOS BIOGRÁFICOS

Huberto Rohden

Nasceu na antiga região de Tubarão, hoje São Ludgero, Santa Catarina, Brasil em 1893. Fez os primeiros estudos no Rio Grande do Sul. Formou-se em Ciências, Filosofia e Teologia em universidades da Europa — Innsbruck (Áustria), Valkenburg (Holanda) e Nápoles (Itália).

De regresso ao Brasil, trabalhou como professor, conferencista e escritor. Publicou mais de 65 obras sobre ciência, filosofia e religião, entre as quais várias foram traduzidas para outras línguas, inclusive para o esperanto; algumas existem em braile, para institutos de cegos.

Rohden não era filiado a nenhuma igreja, seita ou partido político. Fundou e dirigiu o movimento filosófico e espiritual mundial Alvorada.

De 1945 a 1946 teve uma bolsa de estudos para pesquisas científicas, na Universidade de Princeton, New Jersey (Estados Unidos), onde conviveu com Albert Einstein e lançou os alicerces para o movimento de âmbito mundial da Filosofia Univérsica, tomando por base do pensamento e da vida humana a constituição do próprio Universo, evidenciando a afinidade entre Matemática, Metafísica e Mística.

Em 1946, Huberto Rohden foi convidado pela American University, de Washington, D.C., para reger as cátedras de Filosofia Universal e de Religiões Comparadas, cargo este que exerceu durante cinco anos.

Durante a última Guerra Mundial foi convidado pelo Bureau of Inter-American Affairs, de Washington, para fazer parte do corpo de tradutores das notícias de guerra, do inglês para o português. Ainda na American University, de Washington, fundou o Brazilian Center, centro cultural brasileiro, com o fim de manter intercâmbio cultural entre o Brasil e os Estados Unidos.

Na capital dos Estados Unidos, Rohden freqüentou, durante três anos, o Golden Lotus Temple, onde foi iniciado em Kriya-Ioga por Swami Premananda, diretor hindu desse *ashram*.

Ao fim de sua permanência nos Estados Unidos, Huberto Rohden foi convidado para fazer parte do corpo docente da nova International Christian University (ICU) de Metaka, Japão, a fim de reger as cátedras de Filosofia Universal e Religiões Comparadas; mas, por causa da guerra na Coréia, a universidade japonesa não foi inaugurada, e Rohden regressou ao Brasil. Em São Paulo foi nomeado professor de Filosofia na Universidade Mackenzie, cargo do qual não tomou posse.

Em 1952, fundou em São Paulo a Instituição Cultural e Beneficente Alvorada, onde mantinha cursos permanentes em São Paulo, Rio de Janeiro e Goiânia, sobre Filosofia Univérsica e Filosofia do Evangelho, e dirigia Casas de Retiro Espiritual (*ashrams*) em diversos estados do Brasil.

Em 1969, Huberto Rohden empreendeu viagens de estudo e experiência espiritual pela Palestina, Egito, Índia e Nepal, realizando diversas conferências com grupos de iogues na Índia.

Em 1976, Rohden foi chamado a Portugal para fazer conferências sobre autoconhecimento e auto-realização. Em Lisboa fundou um setor do Centro de Auto-Realização Alvorada.

Nos últimos anos, Rohden residia na capital de São Paulo, onde permanecia alguns dias da semana escrevendo e reescrevendo seus livros, nos textos definitivos. Costumava passar três dias da semana no *ashram*, em contato com a natureza, plantando árvores, flores ou trabalhando no seu apiário-modelo.

Quando estava na capital, Rohden freqüentava periodicamente a editora responsável pela publicação de seus livros, dando-lhe orientação cultural e inspiração.

À zero hora do dia 8 de outubro de 1981, após longa internação em uma clínica naturista de São Paulo, aos 87 anos, o Prof. Huberto Rohden partiu deste mundo e do convívio de seus amigos e discípulos. Suas últimas palavras em estado consciente foram: "Eu vim para servir à Humanidade".

Rohden deixa, para as gerações futuras, um legado cultural e um exemplo de fé e trabalho somente comparados aos dos grandes homens do século XX.

Huberto Rohden é o principal editando da Editora Martin Claret.

Relação de obras do Prof. Huberto Rohden

Coleção Filosofia Universal

O pensamento filosófico da Antiguidade
A filosofia contemporânea
O espírito da filosofia oriental

Coleção Filosofia do Evangelho

Filosofia cósmica do Evangelho
O Sermão da Montanha
Assim dizia o Mestre
O triunfo da vida sobre a morte
O nosso Mestre

Coleção Filosofia da Vida

De alma para alma
Ídolos ou ideal?
Escalando o Himalaia
O caminho da felicidade
Deus
Em espírito e verdade
Em comunhão com Deus
Cosmorama
Por que sofremos

Lúcifer e Logos
A grande libertação
Bhagavad Gita (tradução)
Setas para o Infinito
Entre dois mundos
Minhas vivências na Palestina, Egito e Índia
Filosofia da arte
A arte de curar pelo espírito. Autor: Joel Goldsmith (tradução)
Orientando
"Que vos parece do Cristo?"
Educação do homem integral
Dias de grande paz (tradução)
O drama milenar do Cristo e do anti-Cristo
Luzes e sombras da alvorada
Roteiro cósmico
A metafísica do cristianismo
A voz do silêncio
Tao Te Ching de Lao-tse (tradução) — ilustrado
Sabedoria das parábolas
O 5º Evangelho segundo Tomé (tradução)
A nova humanidade
A mensagem viva do Cristo (Os quatro Evangelhos — tradução)
Rumo à consciência cósmica
O homem
Estratégias de Lúcifer
O homem e o Universo
Imperativos da vida
Profanos e iniciados
Novo Testamento
Lampejos evangélicos
O Cristo cósmico e os essênios
A experiência cósmica

Coleção Mistérios da Natureza

Maravilhas do Universo
Alegorias
Ísis
Por mundos ignotos

Coleção Biografias

Paulo de Tarso
Agostinho
Por um ideal — 2 vols. — autobiografia
Mahatma Gandhi — ilustrado
Jesus Nazareno — 2 vols.
Einstein — O enigma da Matemática — ilustrado
Pascal — ilustrado
Myriam

Coleção Opúsculos

Saúde e felicidade pela cosmo-meditação
Catecismo da filosofia
Assim dizia Mahatma Gandhi (100 pensamentos)
Aconteceu entre 2000 e 3000
Ciência, milagre e oração são compatíveis?
Centros de Auto-Realização

Sumário

Os Objetivos, a Filosofia e a Missão da Editora Martin Claret

O principal Objetivo da MARTIN CLARET é continuar a desenvolver uma grande e poderosa empresa editorial brasileira, para melhor servir a seus leitores.

A Filosofia de trabalho da MARTIN CLARET consiste em criar, inovar, produzir e distribuir, sinergicamente, livros da melhor qualidade editorial e gráfica, para o maior número de leitores e por um preço economicamente acessível.

A Missão da MARTIN CLARET é conscientizar e motivar as pessoas a desenvolver e utilizar o seu pleno potencial espiritual, mental, emocional e social.

A MARTIN CLARET está empenhada em contribuir para a difusão da educação e da cultura, por meio da democratização do livro, usando todos os canais ortodoxos e heterodoxos de comercialização.

A MARTIN CLARET, em sua missão empresarial, acredita na verdadeira função do livro: o livro muda as pessoas.

A MARTIN CLARET, em sua vocação educacional, deseja, por meio do livro, claretizar, otimizar e iluminar a vida das pessoas.

Revolucione-se: leia mais para ser mais!

MARTIN CLARET

Relação dos Volumes Publicados

1. **Dom Casmurro**
Machado de Assis
2. **O Príncipe**
Maquiavel
3. **Mensagem**
Fernando Pessoa
4. **O Lobo do Mar**
Jack London
5. **A Arte da Prudência**
Baltasar Gracián
6. **Iracema / Cinco Minutos**
José de Alencar
7. **Inocência**
Visconde de Taunay
8. **A Mulher de 30 Anos**
Honoré de Balzac
9. **A Moreninha**
Joaquim Manuel de Macedo
10. **A Escrava Isaura**
Bernardo Guimarães
11. **As Viagens - "Il Milione"**
Marco Polo
12. **O Retrato de Dorian Gray**
Oscar Wilde
13. **A Volta ao Mundo em 80 Dias**
Júlio Verne
14. **A Carne**
Júlio Ribeiro
15. **Amor de Perdição**
Camilo Castelo Branco
16. **Sonetos**
Luís de Camões
17. **O Guarani**
José de Alencar
18. **Memórias Póstumas de Brás Cubas**
Machado de Assis
19. **Lira dos Vinte Anos**
Álvares de Azevedo
20. **Apologia de Sócrates / Banquete**
Platão
21. **A Metamorfose/Um Artista da Fome/Carta a Meu Pai**
Franz Kafka
22. **Assim Falou Zaratustra**
Friedrich Nietzsche
23. **Triste Fim de Policarpo Quaresma**
Lima Barreto
24. **A Ilustre Casa de Ramires**
Eça de Queirós
25. **Memórias de um Sargento de Milícias**
Manuel Antônio de Almeida
26. **Robinson Crusoé**
Daniel Defoe
27. **Espumas Flutuantes**
Castro Alves
28. **O Ateneu**
Raul Pompéia
29. **O Noviço / O Juiz de Paz da Roça / Quem Casa Quer Casa**
Martins Pena
30. **A Relíquia**
Eça de Queirós
31. **O Jogador**
Dostoiévski
32. **Histórias Extraordinárias**
Edgar Allan Poe
33. **Os Lusíadas**
Luís de Camões
34. **As Aventuras de Tom Sawyer**
Mark Twain
35. **Bola de Sebo e Outros Contos**
Guy de Maupassant
36. **A República**
Platão
37. **Elogio da Loucura**
Erasmo de Rotterdam
38. **Caninos Brancos**
Jack London
39. **Hamlet**
William Shakespeare
40. **A Utopia**
Thomas More
41. **O Processo**
Franz Kafka
42. **O Médico e o Monstro**
Robert Louis Stevenson
43. **Ecce Homo**
Friedrich Nietzsche
44. **O Manifesto do Partido Comunista**
Marx e Engels
45. **Discurso do Método / Meditações**
René Descartes
46. **Do Contrato Social**
Jean-Jacques Rousseau
47. **A Luta pelo Direito**
Rudolf von Ihering
48. **Dos Delitos e das Penas**
Cesare Beccaria
49. **A Ética Protestante e o Espírito do Capitalismo**
Max Weber
50. **O Anticristo**
Friedrich Nietzsche
51. **Os Sofrimentos do Jovem Werther**
Goethe
52. **As Flores do Mal**
Charles Baudelaire
53. **Ética a Nicômaco**
Aristóteles
54. **A Arte da Guerra**
Sun Tzu
55. **Imitação de Cristo**
Tomás de Kempis
56. **Cândido ou o Otimismo**
Voltaire
57. **Rei Lear**
William Shakespeare
58. **Frankenstein**
Mary Shelley
59. **Quincas Borba**
Machado de Assis
60. **Fedro**
Platão
61. **Política**
Aristóteles
62. **A Viuvinha / Encarnação**
José de Alencar
63. **As Regras do Método Sociológico**
Émile Durkheim
64. **O Cão dos Baskervilles**
Sir Arthur Conan Doyle
65. **Contos Escolhidos**
Machado de Assis
66. **Da Morte / Metafísica do Amor / Do Sofrimento do Mundo**
Arthur Schopenhauer
67. **As Minas do Rei Salomão**
Henry Rider Haggard
68. **Manuscritos Econômico-Filosóficos**
Karl Marx
69. **Um Estudo em Vermelho**
Sir Arthur Conan Doyle
70. **Meditações**
Marco Aurélio
71. **A Vida das Abelhas**
Maurice Materlinck
72. **O Cortiço**
Aluísio Azevedo
73. **Senhora**
José de Alencar
74. **Brás, Bexiga e Barra Funda / Laranja da China**
Antônio de Alcântara Machado
75. **Eugênia Grandet**
Honoré de Balzac
76. **Contos Gauchescos**
João Simões Lopes Neto
77. **Esaú e Jacó**
Machado de Assis
78. **O Desespero Humano**
Sören Kierkegaard
79. **Dos Deveres**
Cícero
80. **Ciência e Política**
Max Weber
81. **Satíricon**
Petrônio
82. **Eu e Outras Poesias**
Augusto dos Anjos
83. **Farsa de Inês Pereira / Auto da Barca do Inferno / Auto da Alma**
Gil Vicente
84. **A Desobediência Civil e Outros Escritos**
Henry David Toreau
85. **Para Além do Bem e do Mal**
Friedrich Nietzsche
86. **A Ilha do Tesouro**
R. Louis Stevenson
87. **Marília de Dirceu**
Tomás A. Gonzaga
88. **As Aventuras de Pinóquio**
Carlo Collodi
89. **Segundo Tratado Sobre o Governo**
John Locke
90. **Amor de Salvação**
Camilo Castelo Branco
91. **Broquéis/Faróis/ Ultimos Sonetos**
Cruz e Souza
92. **I-Juca-Pirama / Os Timbiras / Outros Poemas**
Gonçalves Dias
93. **Romeu e Julieta**
William Shakespeare
94. **A Capital Federal**
Arthur Azevedo
95. **Diário de um Sedutor**
Sören Kierkegaard
96. **Carta de Pero Vaz de Caminha a El-Rei Sobre o Achamento do Brasil**
97. **Casa de Pensão**
Aluísio Azevedo
98. **Macbeth**
William Shakespeare

99. **Édipo Rei/Antígona**
Sófocles

100. **Lucíola**
José de Alencar

101. **As Aventuras de Sherlock Holmes**
Sir Arthur Conan Doyle

102. **Bom-Crioulo**
Adolfo Caminha

103. **Helena**
Machado de Assis

104. **Poemas Satíricos**
Gregório de Matos

105. **Escritos Políticos / A Arte da Guerra**
Maquiavel

106. **Ubirajara**
José de Alencar

107. **Diva**
José de Alencar

108. **Eurico, o Presbítero**
Alexandre Herculano

109. **Os Melhores Contos**
Lima Barreto

110. **A Luneta Mágica**
Joaquim Manuel de Macedo

111. **Fundamentação da Metafísica dos Costumes e Outros Escritos**
Immanuel Kant

112. **O Príncipe e o Mendigo**
Mark Twain

113. **O Domínio de Si Mesmo Pela Auto-Sugestão Consciente**
Émile Coué

114. **O Mulato**
Aluísio Azevedo

115. **Sonetos**
Florbela Espanca

116. **Uma Estadia no Inferno / Poemas / Carta do Vidente**
Arthur Rimbaud

117. **Várias Histórias**
Machado de Assis

118. **Fédon**
Platão

119. **Poesias**
Olavo Bilac

120. **A Conduta para a Vida**
Ralph Waldo Emerson

121. **O Livro Vermelho**
Mao Tsé-Tung

122. **Oração aos Moços**
Rui Barbosa

123. **Otelo, o Mouro de Veneza**
William Shakespeare

124. **Ensaios**
Ralph Waldo Emerson

125. **De Profundis / Balada do Cárcere de Reading**
Oscar Wilde

126. **Crítica da Razão Prática**
Immanuel Kant

127. **A Arte de Amar**
Ovídio Naso

128. **O Tartufo ou O Impostor**
Molière

129. **Metamorfoses**
Ovídio Naso

130. **A Gaia Ciência**
Friedrich Nietzsche

131. **O Doente Imaginário**
Molière

132. **Uma Lágrima de Mulher**
Aluísio Azevedo

133. **O Último Adeus de Sherlock Holmes**
Sir Arthur Conan Doyle

134. **Canudos - Diário de uma Expedição**
Euclides da Cunha

135. **A Doutrina de Buda**
Siddharta Gautama

136. **Tao Te Ching**
Lao-Tsé

137. **Da Monarquia / Vida Nova**
Dante Alighieri

138. **A Brasileira de Prazins**
Camilo Castelo Branco

139. **O Velho da Horta/Quem Tem Farelos?/Auto da India**
Gil Vicente

140. **O Seminarista**
Bernardo Guimarães

141. **O Alienista / Casa Velha**
Machado de Assis

142. **Sonetos**
Manuel du Bocage

143. **O Mandarim**
Eça de Queirós

144. **Noite na Taverna / Macário**
Álvares de Azevedo

145. **Viagens na Minha Terra**
Almeida Garrett

146. **Sermões Escolhidos**
Padre Antonio Vieira

147. **Os Escravos**
Castro Alves

148. **O Demônio Familiar**
José de Alencar

149. **A Mandrágora / Belfagor, o Arquidiabo**
Maquiavel

150. **O Homem**
Aluísio Azevedo

151. **Arte Poética**
Aristóteles

152. **A Megera Domada**
William Shakespeare

153. **Alceste/Electra/Hipólito**
Eurípedes

154. **O Sermão da Montanha**
Huberto Rohden

155. **O Cabeleira**
Franklin Távora

156. **Rubáiyát**
Omar Khayyám

157. **Luzia-Homem**
Domingos Olímpio

158. **A Cidade e as Serras**
Eça de Queirós

159. **A Retirada da Laguna**
Visconde de Taunay

160. **A Viagem ao Centro da Terra**
Júlio Verne

161. **Caramuru**
Frei Santa Rita Durão

162. **Clara dos Anjos**
Lima Barreto

163. **Memorial de Aires**
Machado de Assis

164. **Bhagavad Gita**
Krishna

165. **O Profeta**
Khalil Gibran

166. **Aforismos**
Hipócrates

167. **Kama Sutra**
Vatsyayana

168. **O Livro da Jângal**
Rudyard Kipling

169. **De Alma para Alma**
Huberto Rohden

170. **Orações**
Cícero

171. **Sabedoria das Parábolas**
Huberto Rohden

172. **Salomé**
Oscar Wilde

173. **Do Cidadão**
Thomas Hobbes

174. **Porque Sofremos**
Huberto Rohden

175. **Einstein: o Enigma do Universo**
Huberto Rohden

176. **A Mensagem Viva do Cristo**
Huberto Rohden

177. **Mahatma Gandhi**
Huberto Rohden

178. **A Cidade do Sol**
Tommaso Campanella

179. **Setas para o Infinito**
Huberto Rohden

180. **A Voz do Silêncio**
Helena Blavatsky

181. **Frei Luís de Sousa**
Almeida Garrett

182. **Fábulas**
Esopo

183. **Cântico de Natal/ Os Carrilhões**
Charles Dickens

184. **Contos**
Eça de Queirós

185. **O Pai Goriot**
Honoré de Balzac

186. **Noites Brancas e Outras Histórias**
Dostoiévski

187. **Minha Formação**
Joaquim Nabuco

188. **Pragmatismo**
William James

189. **Discursos Forenses**
Enrico Ferri

190. **Medéia**
Eurípedes

191. **Discursos de Acusação**
Enrico Ferri

192. **A Ideologia Alemã**
Marx & Engels

193. **Prometeu Acorrentado**
Ésquilo

194. **Iaiá Garcia**
Machado de Assis

195. **Discursos no Instituto dos Advogados Brasileiros / Discurso no Colégio Anchieta**
Rui Barbosa

196. **Édipo em Colono**
Sófocles

197. **A Arte de Curar pelo Espírito**
Joel S. Goldsmith

198. **Jesus, o Filho do Homem**
Khalil Gibran

199. **Discurso sobre a Origem e os Fundamentos da Desigualdade entre os Homens**
Jean-Jacques Rousseau

200. Fábulas
La Fontaine

201. O Sonho de uma Noite de Verão
William Shakespeare

202. Maquiavel, o Poder
José Nivaldo Junior

203. Ressurreição
Machado de Assis

204. O Caminho da Felicidade
Huberto Rohden

205. A Velhice do Padre Eterno
Guerra Junqueiro

206. O Sertanejo
José de Alencar

207. Gitanjali
Rabindranath Tagore

208. Senso Comum
Thomas Paine

209. Canaã
Graça Aranha

210. O Caminho Infinito
Joel S. Goldsmith

211. Pensamentos
Epicuro

212. A Letra Escarlate
Nathaniel Hawthorne

213. Autobiografia
Benjamin Franklin

214. Memórias de Sherlock Holmes
Sir Arthur Conan Doyle

215. O Dever do Advogado / Posse de Direitos Pessoais
Rui Barbosa

216. O Tronco do Ipê
José de Alencar

217. O Amante de Lady Chatterley
D. H. Lawrence

218. Contos Amazônicos
Inglês de Souza

219. A Tempestade
William Shakespeare

220. Ondas
Euclides da Cunha

221. Educação do Homem Integral
Huberto Rohden

222. Novos Rumos para a Educação
Huberto Rohden

223. Mulherzinhas
Louise May Alcott

224. A Mão e a Luva
Machado de Assis

225. A Morte de Ivan Ilicht / Senhores e Servos
Leon Tolstói

226. Álcoois e Outros Poemas
Apollinaire

227. Pais e Filhos
Ivan Turguêniev

228. Alice no País das Maravilhas
Lewis Carroll

229. À Margem da História
Euclides da Cunha

230. Viagem ao Brasil
Hans Staden

231. O Quinto Evangelho
Tomé

232. Lorde Jim
Joseph Conrad

233. Cartas Chilenas
Tomás Antônio Gonzaga

234. Odes Modernas
Anntero de Quental

235. Do Cativeiro Babilônico da Igreja
Martinho Lutero

236. O Coração das Trevas
Joseph Conrad

237. Thais
Anatole France

238. Andrômaca / Fedra
Racine

239. As Catilinárias
Cícero

240. Recordações da Casa dos Mortos
Dostoiévski

241. O Mercador de Veneza
William Shakespeare

242. A Filha do Capitão / A Dama de Espadas
Aleksandr Púchkin

243. Orgulho e Preconceito
Jane Austen

244. A Volta do Parafuso
Henry James

245. O Gaúcho
José de Alencar

246. Tristão e Isolda
Lenda Medieval Celta de Amor

247. Poemas Completos de Alberto Caeiro
Fernando Pessoa

248. Maiakósvski
Vida e Poesia

249. Sonetos
William Shakespeare

250. Poesia de Ricardo Reis
Fernando Pessoa

251. Papéis Avulsos
Machado de Assis

252. Contos Fluminenses
Machado de Assis

253. O Bobo
Alexandre Herculano

254. A Oração da Coroa
Demóstenes

255. O Castelo
Franz Kafka

256. O Trovejar do Silêncio
Joel S. Goldsmith

257. Alice na Casa dos Espelhos
Lewis Carrol

258. Miséria da Filosofia
Karl Marx

259. Júlio César
William Shakespeare

260. Antônio e Cleópatra
William Shakespeare

261. Filosofia da Arte
Huberto Rohden

262. A Alma Encantadora das Ruas
João do Rio

263. A Normalista
Adolfo Caminha

264. Pollyanna
Eleanor H. Porter

265. As Pupilas do Senhor Reitor
Júlio Diniz

266. As Primaveras
Casimiro de Abreu

267. Fundamentos do Direito
Léon Duguit

268. Discursos de Metafísica
G. W. Leibniz

269. Sociologia e Filosofiia
Émile Durkheim

270. Cancioneiro
Fernando Pessoa

271. A Dama das Camélias
Alexandre Dumas (filho)

272. O Divórcio / As Bases da Fé / e outros textos
Rui Barbosa

273. Pollyanna Moça
Eleanor H. Porter

274. O 18 Brumário de Luís Bonaparte
Karl Marx

275. Teatro de Machado de Assis
Antologia

276. Cartas Persas
Montesquieu

277. Em Comunhão com Deus
Huberto Rohden

278. Razão e Sensibilidade
Jane Austen

279. Crônicas Selecionadas
Machado de Assis

280. Histórias da Meia-Noite
Machado de Assis

281. Cyrano de Bergerac
Edmond Rostand

282. O Maravilhoso Mágico de Oz
L. Frank Baum

283. Trocando Olhares
Florbela Espanca

284. O Pensamento Filosófico da Antiguidade
Huberto Rohden

285. Filosofia Contemporânea
Huberto Rohden

286. O Espírito da Filosofia Oriental
Huberto Rohden

287. A Pele do Lobo / O Badejo / o Dote
Artur Azevedo

288. Os Bruzundangas
Lima Barreto

289. A Pata da Gazela
José de Alencar

290. O Vale do Terror
Sir Arthur Conan Doyle

291. O Signo dos Quatro
Sir Arthur Conan Doyle

292. As Máscaras do Destino
Florbela Espanca

293. A Confissão de Lúcio
Mário de Sá-Carneiro

294. Falenas
Machado de Assis

295. O Uraguai / A Declamação Trágica
Basílio da Gama

296. Crisálidas
Machado de Assis

297. Americanas
Machado de Assis

298. A Carteira de Meu Tio
Joaquim Manuel de Macedo

299. Catecismo da Filosofia
Huberto Rohden

301. Rumo à Consciência Cósmica
Huberto Rohden

302. Cosmoterapia
Huberto Rohden

303. Bodas de Sangue
Federico García Lorca

304. Discurso da Servidão Voluntária
Étienne de la Boétie

305. Categorias
Aristóteles

306. Manon Lescaut
Abade Prévost

307. Teogonia / Trabalhos e Dias
Hesíodo

308. As Vítimas Algozes
Joaquim Manuel de Macedo

309. Persuasão
Jane Austen

Série Ouro
(Livros com mais de 400 p.)

1. Leviatã
Thomas Hobbes

2. A Cidade Antiga
Fustel de Coulanges

3. Crítica da Razão Pura
Immanuel Kant

4. Confissões
Santo Agostinho

5. Os Sertões
Euclides da Cunha

6. Dicionário Filosófico
Voltaire

7. A Divina Comédia
Dante Alighieri

8. Ética Demonstrada à Maneira dos Geômetras
Baruch de Spinoza

9. Do Espírito das Leis
Montesquieu

10. O Primo Basílio
Eça de Queirós

11. O Crime do Padre Amaro
Eça de Queirós

12. Crime e Castigo
Dostoiévski

13. Fausto
Goethe

14. O Suicídio
Émile Durkheim

15. Odisséia
Homero

16. Paraíso Perdido
John Milton

17. Drácula
Bram Stocker

18. Ilíada
Homero

19. As Aventuras de Huckleberry Finn
Mark Twain

20. Paulo – O 13º Apóstolo
Ernest Renan

21. Eneida
Virgílio

22. Pensamentos
Blaise Pascal

23. A Origem das Espécies
Charles Darwin

24. Vida de Jesus
Ernest Renan

25. Moby Dick
Herman Melville

26. Os Irmãos Karamazovi
Dostoiévski

27. O Morro dos Ventos Uivantes
Emily Brontë

28. Vinte Mil Léguas Submarinas
Júlio Verne

29. Madame Bovary
Gustave Flaubert

30. O Vermelho e o Negro
Stendhal

31. Os Trabalhadores do Mar
Victor Hugo

32. A Vida dos Doze Césares
Suetônio

34. O Idiota
Dostoiévski

35. Paulo de Tarso
Huberto Rohden

36. O Peregrino
John Bunyan

37. As Profecias
Nostradamus

38. Novo Testamento
Huberto Rohden

39. O Corcunda de Notre Dame
Victor Hugo

40. Arte de Furtar
Anônimo do século XVII

41. Germinal
Émile Zola

42. Folhas de Relva
Walt Whitman

43. Ben-Hur — Uma História dos Tempos de Cristo
Lew Wallace

44. Os Maias
Eça de Queirós

45. O Livro da Mitologia
Thomas Bulfinch

46. Os Três Mosqueteiros
Alexandre Dumas

47. Poesia de Álvaro de Campos
Fernando Pessoa

48. Jesus Nazareno
Huberto Rohden

49. Grandes Esperanças
Charles Dickens

50. A Educação Sentimental
Gustave Flaubert

51. O Conde de Monte Cristo (Volume I)
Alexandre Dumas

52. O Conde de Monte Cristo (Volume II)
Alexandre Dumas

53. Os Miseráveis (Volume I)
Victor Hugo

54. Os Miseráveis (Volume II)
Victor Hugo

55. Dom Quixote de La Mancha (Volume I)
Miguel de Cervantes

56. Dom Quixote de La Mancha (Volume II)
Miguel de Cervantes

58. Contos Escolhidos
Artur Azevedo

59. As Aventuras de Robin Hood
Howard Pyle

RENOVA GRAF
www.renovagraf.com.br